元曲釋詞（增訂版）（一）

王學奇、王靜竹　著

作者簡介

　　王學奇，男，1920 年生於北京密雲縣，漢族。1946 年畢業於國立西北師院（北師大後身）。受業於著名語言學家黎錦熙先生。畢業後一直從事語文教學工作，先後在東北工學院、東北師范大學、中央音樂學院、河北師范大學等校，任講師、副教授、教授、研究生導師，講授過文學理論、外國文學及中國古典文學，以教學成績優異，國務院授予特殊津貼。同時還擔任過元曲研究所所長。在校外還被選為河北省元曲研究會長、關漢卿研究會會長、北師大榮譽校友。

　　著述方面，早年好詩。自上世紀五十年代開始迄今近七十年轉攻戲曲曲詞研究，和王靜竹共同出版了《元曲釋詞》、《宋金元明清曲辭通釋》、臧氏《元曲選》校注、《關漢卿全集校注》和即將出版的《曲辭通釋》（《宋金元明清曲辭通釋》的增訂本）等書。此外還出版了《笠翁傳奇十種校注》。這些書都獲得大獎，受到國內外學術界好評。特別是《宋金元明清曲辭通釋》，更贏得學術界贊許，2002 年出版，2003 年被評為國家級辭書類一等獎，2004 年在石家莊召開學術研討會，全國著名專家、學者四十多人，公認為此書代表了目前該領域研究的最高水平。作者不慕榮利，樂此不疲，不知老之已至，忘掉政治迫害的傷痕，現在仍伏案孜孜，為不斷提高戲曲語言文化的研究而努力。

　　王靜竹，女，1926 年生於吉林洮南府（今改為桃南鎮），在偽滿統治時期，度過她的幼年。東北解放後，由於時局動蕩，她沒有條件讀完四年制的大學教育，新政府即以需要幹部為由，把她調離學校。但她敏而好學，性格堅毅，雖屈居下層，卻不甘落後。王學奇在長春與她相遇，喜其好學，而嘉其志，遂與之往來，終成美眷。王學奇問：「我提倡家庭學術化，你怎麼看」王靜竹答：「那還用說，正合我心願。」二人的結合，與其說是夫妻關係，倒不如說是寫作夥伴。

　　自上世紀五十年代起，迄今六十多年，王靜竹一直在天津第二十九中學、四十八中學任語文教員，除教學、帶孩子外，便把全部時間，用於研究曲辭工作，在一連串喫人運動中，冒險犯難，不遺餘力。最後與王學奇共同寫成《元曲釋詞》、《宋金元明清曲辭通釋》、《曲辭通釋》（《宋金元明清曲辭通釋》增訂本）以及《元曲選校注》、《關漢卿全集校注》。各書出版後，均取得好評。論者謂《元曲釋詞》是「集研究元曲之大成，為目前比較理想的治曲工具書，而且對一般的文學、史學和語言學等的研究，也有較大的參考價值。」《光明日報》稱「該書有相當高的學術水平和參考價值。」《宋金元明清曲辭通釋》，受到河北省社會科學特別獎評委的贊賞：「王學奇、王靜竹先生畢生從事戲曲語言研究，所著《宋金元明清曲辭通釋》一書，在長達三百多萬字的篇幅中，收入曲辭 10000 餘條。該著作打通宋以後歷代曲學發展的時代界限，引例廣博，縱橫結合，在長時段的發展和比較中，既闡明曲辭意義，又揭示曲辭的演變規律，被學術界譽為曲辭研究的集大成之作，在近代漢語研究和中國當代曲辭研究方面具有劃時代的意義。」然而遺憾的是：《元曲釋詞》被顧某人推薦到出版社以後，偽稱出版社也讓他掛名，縱而竊取了第一作者的位置，把王學奇排在其後，把作者王靜竹的名字排除在外。朗朗乾坤，天地雖大，限於人微言輕，申訴無由，耿耿於懷，迄今已達三十三年。幸遇黃衫客申張正義，冤案纔得昭雪，但作者王靜竹沒有能看到印上自己名字的新版《元曲釋詞》，抱著一肚子窩囊氣，已於 2015 年 9 月逝世了。即使如此，另一位被貶的合作者，也要替王靜竹向這位大俠表示謝意。

提　　要

　　《元曲釋詞》全書共收詞目三千多條，連同附目約近六千條。所收詞目，以元雜劇爲主、元散套和小令爲輔、內容涉及歷史風尚、典章制度、鄉談方言，市井俚語、戲曲術語、曲調特用語、蒙古及女眞等民族語，兼收並容，力求完備。

　　在解釋這些詞語時，作者不僅引用了與元曲時代相近和關係較密切的南戲、諸宮調、明清雜劇和傳奇以及話本小說爲佐證，並旁參周秦、兩漢、魏晉南北朝、隋唐兩宋以來有關的經、史、子、集以及歷代筆記、雜著等史料。作者本著窮原竟委的精神，在顧及元曲用詞的時代普遍性的同時，又縱觀了所釋詞語古今沿用的不同歷程，旁徵博引，廣爲訓釋，務期求得較爲確切的解釋。在訓釋方法上，最值得一提的是，把訓詁學和聲韻學原理緊密結合起來，用之於元曲詞語的研究，終使紛亂複雜的語詞現象循律而解，解決了過去很多懸而未決，或解決錯了的問題。

　　《元曲釋詞》不僅是閱讀元曲的必備工具書，也是閱讀宋、金、元、明、清歷代戲曲、小說的良師益友。此書塡補了不少古今習俗資料和方言土語，對民俗學和方言學的研究，也有貢獻。總之，此書搜羅宏富，方法嚴謹，詞條全面、詮釋精當，在元曲詞義的探討方面，是迄今最完備的一部訓詁學專著。

目
次

釋詞〔註1〕鳴（代序）

王學奇

　　韓愈說：「大凡物不得其平則鳴。草木之無聲，風撓之鳴；水之無聲，風蕩之鳴。」〔註2〕物情如此，「人之於言亦然，有不得已者而後言」〔註3〕。《釋詞》之作者是也。我夫妻二人當年在長期政治運動中共治元曲，最後寫成近二百萬字《元曲釋詞》，並得到好評。爲此，其間曾飽受政治迫害，紅衛兵追剿。這一切，我都能理解和無奈地忍受。最使我痛心和不能理解的，是一直曾口口聲聲表示要幫我出版的長者，萬想不到正是這個人，竊取到我們的書稿之後，便堂而皇之地把他的名字署在第一作者的位置上，把眞的第一作者我的名字列在其後，另一眞實作者，被掃地出門，連影兒也尋不到了。可憐作者王靜竹同志冒險犯難，兢兢業業，辛苦了二十多年，最後連一文稿費也沒撈到。無恥的文賊顧某人，欺世盜名，竟達三十餘年〔註4〕。其間我也曾尋找機會，進行昭雪，挽回我們作者的權利。但一直未能如願。耿耿於懷，無由宣泄，今幸遇黃衫客〔註5〕，秉持大義，爲我們抱不平，使我得遂初衷。當此時刻，悲喜交集，有話在喉，不吐不快，遂借劉禹錫《陋室銘》體制而鳴之日：

　　我〔註6〕生不幸，碰上運動，父母帶我〔註7〕，到處逃生。撫之育之，盼我成龍。大棒滿天飛，豈容我活命？及至慶脫險，又被扒手坑，更名姓。可恨無恥顧某，卅載欺世盜名。幸遇黃衫客，爲我抱不平。好快哉，認母歸宗〔註8〕。

〔註1〕《釋詞》，《元曲釋詞》之簡稱。
〔註2〕見韓愈《送孟東野序》。
〔註3〕見韓愈《送孟東野序》。
〔註4〕指《釋詞》第一冊 1983 年出版，到本書出版，期間共經歷了三十多年。
〔註5〕黃衫客，是個行俠好義，抱打不平的英雄。典出湯顯祖《紫釵記》。
〔註6〕我，《釋詞》自稱，下同。
〔註7〕我，《釋詞》自稱，下同。
〔註8〕認母歸宗，意指《釋詞》回到撰寫他的女作者身邊，故稱。

自　序

《元曲釋詞》在成書及出版過程中的遭遇

王學奇

　　人各有志，我從小就有志著書立說，揚名天下。我在初中畢業以前，在私塾房，就念過四書《學》、《庸》、《論》、《孟》，背誦過《古文觀止》。《古文觀止》中共有 222 篇文章，當時我都背誦得滾瓜爛熟，雖然都囫圇吞棗，不甚理解，後來通過在學校裏國文課的教育，加之年齡漸長，理解力增強，也就慢慢地懂了。高中畢業時，教國文課的老師，建議我報考大學國文系；教物理的老師，鼓勵我學理科；教美術的老師，慫恿我上畫院。結果因家庭經濟拮据，不得已報考了有公費待遇的僞建設總署土木工程專科學校，終以不堪奴化教育，很快逃離了該校，後又冒險到祖國大後方，於 1942 年在陝南城固考上了「西北師院」。上大學以後，我就想物色這樣一個對象：她既是生活上溫柔體貼的伴侶，又是事業上志同道合的伙伴。畢業後，在歷經幾年中學執教的過程中，雖也接觸到一些女同事，但皆不合我意。1951 年，我在東北工學院長春分院執教時，有同事給我介紹王靜竹女士。她要求先看像片，還要求我寫份材料，向她交待歷史，這個形式很特別，但我都照辦了。她又經過調查，了解我是個愛好讀書的老實人。當時她哥哥是圖書館長，我是國文科主任，學校召開會議時，常相碰頭，對我也不陌生。圖書館閱覽室管理員也反映我到圖書館看書到閉館時總是最後走的人。我們第一次見面，她給我的印象是：穿著樸素，行動俐落，能說會道。在短暫的相處過程中，我幾經思索，認定她就是我所要的對象。

1952 年，在我寫的《情歌對唱》中用聯唱的形式，表達彼此的思想感情：

（我唱） 一對對山羊向前走，

（她唱） 咱們二人手拉手。

（我唱） 白生生蔓菁一條根，

（她唱） 咱們二人心連心。

這時，我心中暗想：有門！有門！在同年寫的《談判》中，宣示的求婚主題就更直截了當了：

（我問） 我提倡家庭學術化，你怎麼看？

（她答） 那還用說，正合我心願。

聽到這個回答，我手之舞之，足之蹈之，不知怎樣才能形容我的高興。1952 年九月十二日，我二人在長春結了婚，組成了家庭。但搞什麼學術，學術怎樣家庭化，在當時還只能說是理想，是個奮鬥的目標。1953 年，我調到天津中央學院。1956 年，我又調到河北天津師院中文系，當時我主講文藝理論。靜竹從長春調到天津二十九中，擔任語文教員。教學內容，不便結合，而且當時我發表了幾篇文藝論文，比較得意。教研組合寫的講義《文藝學概論》又即將在河北人民出版社出版，因此也很想從這方面發展下去，如果那樣，和靜竹的業務，豈不愈行愈遠，分道揚鑣了嗎？正為此矛盾而苦惱，忽然一聲霹靂，反右派運動開始了，運動的矛頭直指知識分子，為達到最高指示 5％的壞人的要求，很多善良的優秀的知識分子，都被扣上右派帽子，其聲勢之大，真不啻「八公山上，風聲鶴唳，草木皆兵」。欲加之罪，何患無辭，最終我也沒有逃脫這場災難。這以後，撤職扣薪不說，1958 年還被押送到黑牛城監督勞動。在勞動間隙中，我重新考慮我的前程：想當文藝理論家是當不成了。語言是沒有階級性的，改攻語言，還比較穩妥。再者，我受過黎錦熙老師音韻學、語法學、修辭學等良好的教育，我自信完全有能力搞好語言方面的研究工作，即使基本功有不足，亦可邊學邊用，活學活用，急用先學。

想不到九個月後，又把我們從黑牛城調回學校。我回到家，首先把我想好的研究計劃向靜竹一說，靜竹問：「語言範圍很廣，咱們研究哪一方面呢？」我說：「黎老師說過，近代語言學是個薄弱環節，咱們就從元曲開始吧。書的名字，我也想好，就仿照清代王引之的《經傳釋詞》，叫做《元曲釋詞》吧。這樣，咱倆也便於結合，達到『家庭學術化』的目的。從這點上說，反右運

動正是歪打正著，把咱們打到一起來了，眞乃『天助我也』」，話音未落，我倆不約而同，哈哈大笑。

　　搞研究，第一位的工作，就是搞材料。這個工作正要開始，又把我調到河北北京師院，從此我和靜竹又分居津、京兩地。到了北京，我就寫支散曲給她。《雙調・折桂令・攜手創業》：

　　　　何怕遠隔雲天，曲海有意，打成一片。你在那壁，我在這邊，緊密結合，暗地裏堅持長期戰，誓寫好《釋詞》作貢獻。長，也歸咱；短，也歸咱；任人褒貶。

　　靜竹用五言詩也回敬了我：

　　　　方向既已定，拔腿向前行；就等瞧好吧，不必苦叮嚀。

　　我們不在一起的時候，常是這樣互相聯繫。具體作法，就是廣泛閱讀元曲各書，摘錄戲曲語詞，同時順便抄下各家對同一詞語的不同解釋，以便將來判定詞義的參考。邊摘錄邊寫成卡片，按音序排列，以便抽查。這本應該被肯定的工作，在當時卻被看作「走白專道路」，是被批判的對象，因此不能公開進行，只能在業餘時間偷偷地幹，被稱爲「地下活動」。進入「文化大革命」之後，讀書、做學問就更非法了。在「知識愈多愈反動」的大棒下，誰還敢再搞學術研究？我爲了達到我們的治曲的理想，就更加隱蔽地進行。我曾用過種種防範方法，如「化整爲零」、「移花接木」、「聲東擊西」、「轉移陣地」、「掩蔽現場」、「堅壁清野」等策略（參見拙作《我寫作〈元曲釋詞〉的經過——答讀者問》，載《渤海學刊》1988 年第一期）。但沒有不透風的牆，一旦被領導布置的暗探和個別主動跳出來的「小走狗」發現我搞元曲的形跡，就去告密，輕則叫到領導面前，嚴加訓斥，臭罵一頓，並給我指出改造標兵，要好好向張鐵生學習。〔註1〕重則聚眾圍攻，說我抗拒改造，不可救藥。接著，參戰的革命小將，一擁而上，高喊什麼「拿槍的敵人被我們消滅了，不拿槍的敵人還要和我們做拼死鬥爭」、「凡是反動的東西，你不打，它就不倒」、「他們人還在，心不死」、「對資產階級知識分子決不能手軟」、「我們對他們必須踏上千萬隻腳，叫他們永世不得翻身」等等，等等。這類喊殺聲，我已聽過多次，每次聽到這些火藥味語言，都像匕首，像投槍刺進我的心臟，嚇得我腦袋發炸，冷汗交流，四肢顫抖。甚至還有人污蔑我搞的元曲詞語，是變相的電報號碼，他們還帶著鎬，逼

〔註1〕張鐵生，一個交白卷的考生，當時被尊稱爲改造資產階級知識分子的標兵。

著我帶他們到我的宿舍要挖出發報機來。我住在二樓，都是鋼骨水泥建造，如何埋藏得了發報機？他們如此窮凶極惡的目的，無非欲置我於死地而後快，我心想：我不過是一個窮書生，想搞點學問做貢獻嘛，就遭此摧殘，這是什麼世道！

王靜竹在天津，處境比我好一點。因她沒劃右派，文革中也沒被揪，她下班回家，遠離學校，課餘搞元曲的活動，學校無法干擾，還算平安無事。但她學校聽說我是右派（文革時已經摘了帽子），便以此為由，先是勸說她和我離婚，說什麼「你年紀還不算大，守他這個糟老頭子有啥意思」，還舉例說「誰誰誰，都離了婚，把屁股坐過來了」等等。勸說幾次見靜竹無動於衷，後來便扳起面孔，嚴詞屬色道：「這是階級立場問題，是大是大非問題。」結果還不見效。運動在深入，不知從什麼渠道，得知靜竹在配合我搞元曲，他們就更理直氣壯了。還是發動群眾，開批判會。一次批判不見效，就沒完沒了地批判。後來把靜竹批急了，靜竹就索性向他們攤了牌，斷然拒絕道：「我了解我愛人，他規規矩矩，兢兢業業，一心想為祖國做貢獻的好人，我為什麼要離？你們也不要浪費時間了，反正我不離，該法辦就法辦，我就等著了。」這些情況，一直到時過境遷之後，我回家時才對我講說，我不由熱淚盈眶，抱頭痛哭。文革期間，我看到也聽到很多無辜的良民，甚至對國家、對革命作過貢獻的名人也不免被殘酷迫害致死的慘狀。我真無法理解為什麼要舉行這樣的「大革命」？我只為搞點元曲研究，也被無情地追殺，使我東藏西躲。終日惶恐，不得安生，甚至批鬥，欲置我於死地。因此我對我的前途，望不到苦海的彼岸，也時感悲觀。每當我暴露出這種情緒，靜竹總安慰我說：「不會的，一切都會變。」也真叫她猜著了。文革末期，特別是揪出「四人幫」之後，殘害人的氣氛漸漸鬆懈下來，我的研究工作，也從「地下」轉到「地上」。1974 年，我在宣化于家屯〔註2〕花十九塊錢打了個小卡片櫃，放置卡片，別人見此勢頭，非同一般，便引起不同的反應：有的褒，有的貶。只有剛被解放的副院長朱星跑到我宿舍看看我的卡片櫃，連連舉起大拇指，表示贊同。但我讚不驕，貶不餒，一如既往，埋頭苦幹。在偌大的文史村〔註3〕，每當夜闌人靜，只有我的宿舍，孤燈螢螢，盛然不滅。

〔註2〕于家屯，宣化洋河南的一個小鄉村，位於河北師院的西北處不遠的地方。
〔註3〕文史村，河北北京師院遷到宣化後，稱為河北師院，在一片沙灘上建校，分為院部村、數外村、文史村、家屬村。文史村，放置中文、歷史兩系。于家屯就在文院牆外西北角不遠的地方。

　　1975 年，在天津總醫院，因積勞成疾去檢查，發現有五節脊椎骨黏連，我回到學校，校醫室叫我半休，系總支書記趙俊榮索性打發我回家全休了。從這年到 1980 年，我在天津北郊區高莊，和我愛人經過日夜苦戰，好不容易完成了《元曲釋詞》的初稿。也就在這幾年，顧學頡先生不斷寫信稱讚我說：「兄於元曲語言詮釋工作，能鍥而不捨，持之以恒，聚沙成塔，用力甚勤，異日必當有成。」（見 1976 年 5 月 1 日顧給王的信）又說：「元曲釋詞考釋工作，你能堅持不懈，勤勤懇懇幹下去，一定能得到相應的成果。」（見 1977 年 5 月 1 日顧給王的信）……顧當時爲向出版社推薦我們這部書稿也積極幫助。我們夫妻二人對顧先生無私「助人爲樂」的情義，眞是銘刻心中，感激不盡。完成這部近二百萬字的書稿，從積累資料到撰寫成書都是在腥風血雨的政治運動中，豁出命來搞的，如能及時出版，我們該是如何感謝顧先生的恩德！

　　但在出版過程中，顧學頡先生的眞面目出現了。在書稿決定由人民文學出版社出版以後，1977 年 1 月 3 日，我由宣化返天津路過北京時，顧忽然對我說：「出版社（當時他就是出版社的編輯）的意見，讓我（顧自稱）也掛名，以利出版。」又說：「關於你愛人的作者身份，可以在序言中交代清楚。」我乍一聽，不禁愕然，隨即平靜下來，心想顧先生一向關懷和熱心幫助，再者我也沒有門路出書，只好答應。這樣，王學奇、王靜竹所著《元曲釋詞》就一變爲顧學頡、王學奇的《元曲釋詞》。沒有動手的顧學頡，變爲第一作者，主要作者王學奇降到第二位，另一眞正作者王靜竹被掃地出門。這也難怪一向謹言愼行的著名語言學家廖序東先生在一封信中指責顧說：「知道兄與顧版權糾紛之詳情，去掉眞正作者之名，且排出其分稿酬之權，誠爲霸道行爲，誠可鄙也！」（見 2005 年廖給王的信）即使如此，我當時回到家，把署名問題告訴靜竹，她頗不以爲然，經我再三說服，也就只好如此了。同時，我仍然把出好這部書作爲我們的終身事業。我只是希望能在出書前看到顧寫的「序言」。到第一冊出版以後，我才看到。在書前的「凡例」（即顧所說的「前言」）中我反覆尋找，也不見「王靜竹」三字的蹤影。顧是怎麼寫的呢？他說：

> 在漫長過程中，我們師徒倆人都經歷過不少的干擾、阻力和辛酸的歲月，受到主客觀條件的限制和影響，在毫無外力支持的艱苦的情況下，寫成這專著。

顯然可見：（1）他早就預謀，把王靜竹這個作者排除在外，這從「師徒二人」、「毫無外力支持」等措辭，就提供了證明。當時他看我顏色不對，隨即補充說：「關於你愛人的作者身份，可以在序言中交代清楚」，這不過是個託詞。顧學頡爲了掠奪版權，巧取稿費，竟不顧信義，出此下策，眞不知士林中也有「強盜」二字。（2）從「師徒」二字，還可以看出，他是師傅，我是學徒，以提高他在寫作中的主要作用，同時也在暗示，稿酬應該有所區別，以達到名利雙豐收的目的。其實，顧和我都是黎（錦熙）門弟子，前後同學，年齡差不多，故以前寫信，一向稱我爲「兄」。今忽降爲「徒」，其目的，也是爲以後貶低我作張本。還有，學界只知顧在研究白居易，懷疑他何以有時間又搞元曲？有人問顧，顧答有徒弟幫他。人問到常林炎：「顧是有個小徒弟幫他嗎？」常答：「什麼小徒弟？人家（指王學奇）也六十多歲啦！」（這些情節都是常在世時親口對我（王自指）說的）。（3）所謂「在漫長的過程中，我們師徒倆人都經歷過不少的干擾、阻力和辛酸的歲月」，這只適合他對白居易的研究，與《元曲釋詞》這部專著，沒有關係。請看他在 1973 年 10 月 4 日給我的信：「元曲語言，能有條件繼續下去，當然是可喜之事。你雖比我小些，但也年過半百，如果我們能堅持下去，各搞一套東西（指顧搞的白居易，我搞的元曲），在學術上站得住，經得住時間考驗，總算無忝此生，對得起社會，也對得起自己的一生。」後來在給我的通信中不斷提到他如何搞白居易的問題，例如說：「我校正《白居易集》工作，精神稍好時仍在繼續進行……估計至少三至五年，初稿可成，約在一、二百萬字之間。」（見 1976年 4 月 2 日給我的信）又說：「我正編白氏全集……目前正在作最後一道核訂材料工序，完了，即可正式著寫編寫。」（見 1977 年 3 月 12 日給我的信）又說：「我最近很忙，《白居易集》（指中華已出的校點本）校樣，已看過一部分，還在看，分量較大（100 多萬字），明年或可出書。同時，還得爲第二部白集（即編年考證）作必要的準備工作。」（見 1978 年 11 月 20 日給我的信）至此，可以充分證明顧一直是在搞白居易研究工作。出版過《白居易詩選》、點校本《白居易集》（共四冊），還發表過不少研究白居易的論文。白集編年考證，規模最大，目前仍在奮鬥著，「能否完成」，他還要看「老天是否恩賜主客觀條件」。試問：顧對白居易如此專注，還感到時間不夠，他還哪有精力和時間兼搞元曲？

　　我在我愛人的配合、協作下，一直專攻元曲，不但搞成四卷本《元曲釋詞》，還搞了《關漢卿全集校注》、臧晉叔《元曲選》校注等書，在國內外都有一定影響。爲實現對元曲研究的宏觀遠略，我們不惜巨資還特置了大卡片櫃，積累卡片近二十萬張，凡是到過我家的朋友都可以作證。

　　從上述各自的科研道路，正如顧當年所講「各搞一套東西」，怎麼到現在，不是「各搞一套」，倒成了顧一個人的呢？

　　因此顧既對《元曲釋詞》的版權掠奪到手，對稿費更不能放手。在 1984 年 5 月 2 日，顧給我一信說：

> 他們（顧指社科責編）有事找你（顧指我）談，請你在九日或十五
> 日以後的某天，到鼓樓西大街甲 158 號該社（即中國社會科學出版
> 社）文編室找余（順堯）同志，到時他等著你。

五月十五日，我如約赴京，於上午九時找到余順堯。余順堯開門見山，向我表示道：「顧對稿費的平分辦法不滿意。我（余自指）到顧家時，顧說材料是他的，體例也是他的，你（指我）只是抄抄而已。稿費應當四六分、三七分或二八分。」意思就是說，他（指顧）拿大頭，我拿小頭，沒有王靜竹的份。我聽了大爲詫異，立即反駁道：「我和愛人二十多年歷盡艱辛挖掘來的材料，怎麼成了他的呢？體例也是我模仿朱啓鳳的《辭通》和張相的《詩詞曲語詞匯釋》，連《元曲釋詞》這個書名，也是我受《經傳釋辭》的啓發而定的。」邊說邊怒火上升，這時我已完全認清顧學頡原來是蓄謀已久，企圖侵吞我們的科研成果，而且掠奪手段非常殘酷，竟至把我愛人王靜竹作者名字，都掃地出門，何其毒也！這時我還明確認識到顧學頡所以把書稿從「人民文學出版社」偷偷轉到「社會科學出版社」，並使我們不和「社科出版社」責編接觸，其目的就是怕責編從我們口中瞭解到書稿的寫作真相，妨礙他做手腳，從余順堯開頭轉述顧謊言書稿的寫作情況以及對稿費的無理要求，就是有力的證明。當初我錯認顧是助人爲樂的好人，對他感恩戴德，原來是個大騙子，是巧取豪奪的士林中的強盜。憤火中燒，情難自己，寫兩首詩揭露之：

其一云：

> 一自大棒加我身，走投無路摳戲文；
> 好不容易寫本書，迎頭又遇劫路人。

其二云：

　　搶走版權還要錢，巧取豪奪手不閒；

　　當年情義俱是假，騙局難掩變笑談。

　　即使如此，我們仍本著團結的願望，盡力保護顧的聲譽，封鎖顧的醜聞不使外揚，只要他補寫個「後記」，說明王靜竹的作者身份，一切皆作罷論，但仍遭他蠻橫地拒絕。

　　1985年，正當河北社科評獎時，顧假託其妻黎靖之名，編造謊言向河北師院黨委誣告於我，硬說《元曲釋詞》主要是顧搞的，貶低我的寫作水平，只是小學生的程度，並進行人身攻擊，其目的無非是想要《元曲釋詞》的獎金。但因評獎不公，原評一等獎，後改二等獎，我已拒絕了，他自然無計可施。一計不成，又生一計，顧把誣告我的信複印出來，廣為宣傳，擴大影響，誰到他家，就展示給誰看。知情的人，無不非議，不但不同情他，反把他這種惡劣行徑轉告於我，譏他不仁不義，風格太低。各地很多朋友出於正義感，都支持我起訴，為我鳴不平。事情發展到這一步，我還是守口如瓶，不願和他對簿公堂。但顧自己迫不及待的一再跳出來表演，我再也無法為他保密了。

　　1987年，我開始和北京律師事務所的律師郝惠珍同志聯繫接觸，並廣泛取證，撰寫了顧學頡侵奪版權的公開信，廣為散發，爭取學術界不明真相的理解和支持。我當時的想法，先請律師在外調解，如果顧悔改了，就不上法院。後經律師一段時間的往復折衝，於1989年二、三月間回覆我說：「有一定進展：（一）顧承認《元曲釋詞》主要是王學奇搞的。（二）顧同意重新分配稿酬。（三）承認王靜竹的勞動，但不承認她是作者。」我表示說：這樣解決距事實和我們的要求還很遠，我們不能接受。王靜竹在《釋詞》全過程都參加了，受苦受難，有目共睹，就是地地道道的作者，顧學頡否定不了。顧學頡對此書只起了中介作用，對全書隻字未寫，對顧來說，談不到稿費重新分配問題。在1988年9月6日著名學者兼詩人吳奔星先生給我信中早就說過：「想當初，顧介紹出版時，你們太仁慈，分配比例不當，造成已成事實。按理，他（指顧）只是經紀人，送他幾百元佣金就拉倒了也。」（見《紀念詩人學者吳奔星》，南京師大出版社）1990年4月11日接郝惠珍來信說：「申請仲裁，由於整個案件爭議時間較長，北京版權處不予受理，這樣只好

上法院了。」但上法院須到被告所在地法院，我們住在天津，往返不便，時間、經濟都賠不起。經我和靜竹再三考慮的結果，認定「起訴」和「寫書」兩不誤的辦法行不通，只好遵照《孟子·告子上》給我們的教導：「魚，我所欲也，熊掌，亦我所欲也，二者不可得兼，捨魚而取熊者也。」於是我們便暫時放棄了起訴，傾全力寫書。我想書寫好，也是一種鬥爭形式，也可能是最好的鬥爭形式。

主意既定，撰寫《宋金元明清曲辭通釋》的戰鬥打響了。這次戰鬥是在十一屆三中全會撥亂反正後光天化日下進行的，我們可以甩開膀子，理直氣壯地大幹。有三首小詞《如夢令》這樣描寫道：

一題爲《製卡片》：

　　天天誰來伴我？靜竹和我兩個。

　　快到掌燈時，卡片又是一摞。

　　如何？如何？定額已經突破。

二題爲《補子目》：

　　精心撰寫詞條，旁徵博引資料。

　　正苦缺子目，靜竹給我找到。

　　OK！OK！拇指舉得高高。

三題爲《定詞義》：

　　一字一詞一句，一心一意面對。

　　本義何所指？待我認眞考慮。

　　考慮！考慮！又是一夜沒睡。

我們就是這樣夜以繼日，又苦幹十二年，於 2002 年出版，2003 年獲國家級辭書類一等獎。這說明什麼呢？從作者在「跋」文中提出對顧學頡的控訴和李行健、馮瑞生兩先生在「序」文出示的證詞以及評委們在不受任何干擾情況下對《通釋》評定的等級，都說明這是最公正、最透明的一樁公案。這個結果，就是勝利，而且是最值得推敲的勝利。書出版後，不脛而馳，無遠弗屆，融入世界文化之中。

敘　例

一、書名

　　本書主要以解釋元曲詞語爲目的，故名之爲《元曲釋詞》，猶如清代解釋經典之書名爲《經傳釋詞》。

二、詞目

　　1、詞目以元代劇曲和散曲（套數和小令）爲主，兼及元明時代尚未界定的各劇，如《韓元帥暗渡陳倉》、《漢公卿衣錦還鄉》、《張翼德大破杏林莊》等。

　　2、詞目主要收單字、短語、成語。因爲戲曲是綜合藝術、又是通俗作品，涉及範圍非常廣泛，接觸的語言複雜多樣，故凡鄉談、土語、歇後語、江湖行話、隱語俗諺及戲曲術語，少數民族語等；有關風俗習慣、典章制度、法律用語以及虛詞、助詞、形容詞、象聲詞等等，均在收錄之列。

編排

　　詞目排列，依照漢語拼音音序，將同音同調的字排在一起，並以筆畫多少爲序，例如：

　　八　巴　扒　芭
　　曳　夜　業　謁
　　於　魚　愚　餘

2、如係雙音詞，詞頭相同者，再以第二字筆畫多少次第之，例如：

　　比如　比並　比量　比較

　　成收　成合　成均　成算

3、如雙音詞或多音詞音義和筆畫皆同而字形各異者，則按第一字起筆一、｜、丿、、、乛為序排列之，例如：

　　芒郎　忙郎

　　淘寫　淘瀉

　　抵多少　底多少

4、若義同而有多種不同寫法者，則擇一較習見且意義明確者作為主目，其它作為附目，依次排列於主目之後，例如：

　　一徑　一逕　一境

　　些須　些需　歇須

　　一家一針　一家無二　一家無外

四、選例

1、例句主要選自《古本戲曲叢刊》、臧氏《元曲選》、《孤本元明雜劇》、《盛明雜劇》及《六十種曲》等；散曲則選自《太平樂府》、《陽春白雪》、《詞林摘豔》、《雍熙樂府》以及近人隋樹森所輯《全元散曲》、謝伯陽所輯《全明散曲》等。總之，務求其全面。

2、例句在數量上，一般以四、五例為宜，習見者少列，罕見或根本未見其它辭書者多列。一詞異寫多者，例如「篤麿」、「驚急列」、「鴰」，均列有十種寫法，「大古」、「塔除」、「一謎池」均列有十一種寫法，「兀自」列有十二種寫法，「生各支」列有二十一種寫法，遇到這種情況，只能依次各舉一例做代表。新詞新義，往往隱藏其間。本著現實主義態度，忠實地反映出來，可以給讀者耳目一新的感覺。

3、為便於讀者查對引例原文，每條例句在劇名之後，均列出折數或齣數，曲牌如係引的「賓白」，則在折數、齣數、曲牌之後，再加書「白」字。散曲亦列出曲牌、題目。

五、釋義

如何簡明、扼要、準確地解釋好詞義，幫助讀者理解，是檢驗本書質量最重要的尺度，為此：

我們根據語言是思想交流的工具這一特性，它的觸鬚無所不入，故當時各種文體所用語言，無不與元曲語言息息相通，又由於元曲語言源遠流長，故在釋義徵引資料時，不僅有必要旁及話本小說、筆記雜著等，尤應上下求索，故自周秦兩漢以來的群經、諸子、騷賦、駢文、變文、詩詞、書簡、奏議以及二十四史、《資治通鑒》等，無不在參考、徵引之列，務期從橫的方面瞭解語言的相互影響，從縱的方面瞭解語言的發展變化，最後才能理解社會意識形態在語言上的反映，從而求得語詞含義的確解。

還應注意到語言的發展，雖與時代的進展、制度的變革，有密切的聯繫，但也有他自身的規律和相對的獨立性，並不都隨著社會制度的消亡而消亡。有些古語，特別是基本詞匯，至今仍被普遍使用或在某些方言土語中保存下來。因此從社會方言調查中，尋找活的語言資料，以古證今，擴大取證的範圍，也是本書釋義的方法之一。

由於古今字的異寫、各地方音的不同以及其他種種原因，我國漢語中的一字一詞，往往有多種寫法，歷代相傳，愈演愈繁，令人眼花繚亂，特別是有些方言土語各就土音而筆之於書，無義理可尋，更增加釋義上的困難。在這種情況下，如果還僅僅從字形（漢字偏旁）尋找詞與詞間的意義聯繫，實猶緣木而求魚。這就需要根據聲韻學原理，把許多奇形怪狀的詞目，以音統領起來，就音析義，故引用清代王念孫父子「因聲求義」的學說，便大大開拓了本書釋義的途徑，從而解決了以前許多懸而未解的問題。

解決一詞多形的意義，運用聲韻學原理，如上所說，固然起很重要的作用，但它也不能包攬一切，我們必須還要掌握語法學、修辭學、校勘學以及邏輯學等方面的知識。總之，針對不同性質的詞語，分別使用各種不同的方法，才能收到各得其當的效果。

六、注音

1、生僻字要注。古今異讀字要注，多音字也要注。

2、用作姓氏的字要注，如「仇」，不讀「愁」，而讀 qiú（求）；如「區」，不讀 qū（屈）而讀 oū（歐）。

3、字若用作地名，也有不同的讀音，如山西省運城地區「解縣」之「解」，不讀 jiě（姐），亦不讀 jiè（借）而讀 xiè（謝），今山西方音又讀 hà（害）。

七、字體

我們刊行的《元曲釋詞》，依照古本原著，採用的是繁體字，但初版把關不嚴，亦有不少混入簡體字者，爲保持漢語文字的純潔性，增訂本務求字體統一，全面刪除簡體字。

目次

B
ba

dao

de

deng

di

第三冊

E

e

gu

gua

hang

hao

he

hui

hun

huo

第四冊

J

ji

第五冊

M

ma

mai

qin

qing

shi

第七冊

W

wa

wai

wan

wang

wu

第八冊

Z

元曲釋詞（增訂版・一）

王學奇　王靜竹著

腌（ā，亦讀 āng）

腌的本義是腌臢、不乾淨；引申有醜、惡、窮、酸等義。

（一）

《西廂記》五本三折【越調鬪鵪鶉】：「枉腌了他金屋銀屏，枉污了他錦衾繡絪。」

「腌」與「污」對照，謂弄髒。此爲本義，用作動詞。

（二）

《西廂記》五本三折【絡絲娘】：「喬嘴臉，腌軀老，死身分，少不得有家難奔。」

《氣英布》三【小梁州】：「這的是從小裏染成腌證候。」

《魔合羅》三【後庭花】：「攬這場不分明的腌勾當。」

《東堂老》一【六幺序】：「那潑煙花，專等你個腌材料，快準備著五千船鹽引，十萬擔茶挑。」

腌，猶醜，用作狀語。「腌證候」之「腌」，也可解作討厭；「腌勾當」之「腌」，也可解作歹；「腌材料」之「腌」，也可解作壞；總之，性質都屬於醜惡。《紫雲庭》二【南呂一枝花】：「俺才料風短命欠東」句之「俺」，是「腌」的訛字。《元曲選》音釋：「腌，掩去聲」。」不同今讀。

（三）

《誶范叔》二【菩薩梁州】：「無情風雨無情棒，似吃著無心草，死熬這腌情況。」

《金鳳釵》二【堯民歌】：「大古是家富小兒驕，我則（只）愁腌日月，沒柴沒米怎生熬？」

《凍蘇秦》三【絮蝦蟆】：「這都是剝民脂膏養的能豪旺。腌情況，甚紀綱？只我在你行，待將些寒溫話講。」

腌，猶云窮。「腌情況」、「腌日月」，是窮日子、窮生活之意。《董西廂》卷一：「窮綴作，腌對付。」「腌對付」，也是窮對付的意思。

（四）

《蕭淑蘭》一【寄生草】：「斷不了詩云子曰酸風欠，離不了之乎者也腌窮儉。」

「腌」與「酸」互文見義，故此「腌」字，謂寒酸也。寒酸，不僅指物質生活窮困，且狀思想意識之迂腐，宋・范成大《次韻和宗偉閱番樂》詩：「洗淨書生氣味酸」，即此意也。

腌臢 (ā・zā)

腌臢　腤臢　腤臜　腤臜　腤臢　唵嘈　唵嗒　淹潜

腌臢，即骯髒之對轉；引申之有討厭、窩囊、卑污、卑劣等義。

（一）

《黑旋風》一【滾繡毬】：「他見我風吹的齷齪是這鼻凹裏黑，他見我血漬的腌臢是這衲襖腥，審問個叮嚀。」

《曲江池》三【尾煞】白：「這叫化頭身子腤腤臢臢希臭的，你想還和他作伴？」

《酷寒亭》二【聖藥王】白：「則你是個腌腌臢臢潑婆娘，少不得瓦礫兒打翻在井水底。」

《貶夜郎》三【五煞】：「這唵嗒葷，鬧中取靜，醉後添愁。」

《太平樂府》卷九高安道【哨遍套・嗓淡行院】：「都是些唵嗒砌末，猥瑣行頭。」

《樂府群珠》卷四劉時中【朱履曲‧鞋杯】：「潋灔得些口兒潤，淋漓得拽根兒漕，更怕郎口俺喀的展涴了。」

腌臢，今北語多云骯髒，或僅云髒，即南人所說的鏖糟。明‧焦竑《俗用雜字》云：「物不潔曰婳曭，有音無字。」明‧張自烈《正字通》：「俗呼物不潔曰腌臢。」章太炎《新方言‧釋言》：「《說文》：『灒，汙灑也，則旰切。』今通謂汙灑爲灒，讀如字。或直謂汙曰灒。俗字作臢，重言曰腌臢。」曆、臢、臢、臢、喈、潛皆形近通用或誤寫。

（二）

《三奪槊》二【牧羊關】：「這些淹潛病，都是俺業上遭。」

《倩女離魂》三【醉春風】：「知他這腤曆病，何日起？」

《雲窗夢》四【沉醉東風】：「沒理會腌臢久病疾，害的來伶仃瘦體。」

腌臢，這裏爲討厭之意。

（三）

《馬陵道》三【得勝令】：「自從我做作風魔漢，受了些腌曆歹氣息。」

《凍蘇秦》二【朝天子】：「你問我官在那裏，教我説個甚的？可兀的乾受了你這一肚皮腤曆氣。」

腌曆、腤曆，這裏有窩囊、委曲之意。或作醃醱、如《警世通言‧王安石三難蘇學士》：「荊公曉得東坡受了醃醱」，是也。

（四）

《㑳梅香》三【絡絲娘】：「幾曾做這般出醜腤臢勾當？」

腤臢，這裏謂卑污、卑劣。

阿 (à) 馬

阿媽

《拜月亭》二【牡羊關】白：「阿馬，認得瑞蘭麼？」

《調風月》一【幺】：「這書房存得阿馬，會得客賓。」

《哭存孝》一、白：「俺父親是李克用，阿媽喜歡俺兩個，無俺兩個呵，酒也不喫，肉也不喫。」

《五侯宴》楔、白：「今奉阿媽將令，差俺五百義兒家將，統領雄兵，收捕草寇。」

《貨郎旦》三、白：「阿媽，有甚話對你孩兒說呵，怕做甚麼？」

女眞語呼父親爲阿馬。馬一作媽，音近義同。現在滿族人還是這樣稱呼。

阿公

《燕青博魚》一【歸塞北】白：「你不是歹人，是賊的阿公哩。」

《爭報恩》楔、白「你不是歹人，正是賊的阿公哩。」

《黃花峪》一【金盞兒】白：「你是賊的阿公哩。」

古時尊稱人曰「公」。阿公，這裏是對首領的尊稱，不同於一般子對父、孫對祖或媳對翁之稱阿公。唐・趙璘《因話錄》卷四：「有婦人姓翁，陳牒論田產，稱阿公阿翁在日，坐客笑之。」此「阿公」即兒婦之稱公公也。

「阿」字冠於他詞之上，用作發語辭，乃古之俗言習語。南宋・趙彥衛《雲麓漫鈔》卷十：「古人多言阿字，如秦皇阿房宮，漢武阿嬌金屋。晉尤甚，阿戎、阿連等語極多。唐人號武后爲阿武婆。婦人無名，以姓加阿字。今之官府婦人供狀，皆云阿王、阿張，蓋是沿襲之舊云。」清・趙翼《陔餘叢考》卷三十八「阿」字條，謂凡發語未有不起于阿者……小兒初生到地，開口第一聲即系阿音，則此乃天下之元音，宜乎遍天下不謀而同然也。今吳語仍以「阿」字爲發語辭。

阿撲

合撲　合伏

《東堂老》三【尾煞】：「這業海打一千個家阿撲逃不去。」

《救風塵》一【油葫蘆】：「忽地便喫了一箇合撲地。」

《盆兒鬼》三【慶元貞】：「被門桯絆我一個合撲地。」

《殺狗勸夫》二【伴讀書】：「滴溜溜絆我個合撲地。」

《太平樂府》卷九楊立齋散套【般涉調哨遍】：「著敲棍也門背後合伏地巴背。」

俯面僕地叫「合撲」，即古漢語中的「俯僕」，與仰面跌倒稱作「仰剌叉」的姿式恰好相反。阿撲，即合撲，一作合伏。「撲」變「伏」，是由重唇音變輕唇音（即兩唇音變唇齒音）。

阿者

《拜月亭》一【天下樂】：「阿者，你這般沒亂荒張到得那里？」

《哭存孝》二【牧羊關】白：「左右報復去，道有阿者來了也。」

《調風月》二【江兒水】：「老阿者使將來伏侍你，展污了咱身起。」

《五侯宴》四、白：「謝俺阿媽，封俺五將爲五侯，著俺老阿者設一宴，名喚做五侯宴。」又李亞子白：「比及見阿媽阿者，先見李嗣源哥哥去。」

阿者，女眞語呼母親爲阿者；現在滿族還是這樣稱呼。

阿誰

《拜月亭》三【二】：「阿誰無箇老父？誰無箇尊君？誰無箇親爺？」

《麗春堂》二【耍孩兒】：「睜開你那驢眼，可便覷著阿誰？」

《存孝打虎》四【喜遷鶯】：「端的，阿誰不會？」

阿誰，即「誰」；「阿」爲發語詞，無義。這種用法很古，如漢魏樂府古辭《十五從軍征》云：「道逢鄉里人：『家中有阿誰？』」又云：「羹飯一時熟，不知貽阿誰。」《三國志・龐統傳》：「向者之論，阿誰爲失？」唐・劉餗《隋唐嘉話》下：「師德不是田舍漢，更阿誰是？」蘇軾《邵伯梵行寺山茶》：「山茶相對阿誰栽，細雨無人我獨來。」明・吳中情奴《相思譜》九：「這鬼怪妖魔是阿誰？」湯顯祖《紫釵記・謁鮑述嬌》：「個底韶華，阿誰情緒？禁得您無聊！」洪昇《長生殿・定情》：「借問從此宮中，阿誰第一？」等等，不勝列舉。

按「阿誰」即「伊誰」，「阿」、「伊」古音同屬「影」紐；「阿」屬「歌」部，「伊」屬「微」部，韻部亦相近，故能通轉，參見「伊誰」條。

阿來來

阿刺刺

《五侯宴》三、白「韻悠悠胡笳慢品，阿來來口打番言。」

《西遊記》二本六齣【川撥棹】：「阿刺刺口裏不知道甚的粧著鬼。」

阿來來，是對語言不理解的象聲詞；又作阿刺刺。「來來」、「刺刺」，音近通假。

阿那忽

《麗春堂》四【一錠銀】：「他將那【阿那忽】腔兒合唱，越感起我悲傷。」

《紫雲庭》三【十二月】：「哎！不色你把【阿那忽】，那身子兒懒撮，你賣弄你且休波！」

《盛世新聲》【雙調五供養·窮客程十三換頭】：「他將那【阿那忽】腔兒來合唱，越越的感起我悲傷。

阿那忽，元雜劇曲牌名，屬雙調。又作「阿納忽」，傳自女真或蒙古。參看「阿孤令」條。

阿孤令

《東堂老》三、白：「我夢見月明樓上，和那撇之秀兩個唱那【阿孤令】，從頭兒唱起。」

阿孤令，即「阿忽令」，《陳母教子》又作「阿古令」，當時北方民族的曲牌名，屬雙調。王國維《宋元戲曲考·餘論三》：「北曲【黃鍾宮】之『者刺古』，【雙調】之『阿納忽』、『古都白』、『唐兀歹』、『阿忽令』，【越調】之『拙魯速』，『商調』之『浪來裏』，皆非中原之語，亦當為女真或蒙古之曲來。」參看「阿那忽」條。

阿磕綽

阿各綽　阿可綽　阿可赤

《硃砂擔》二【黃鍾尾】白：「阿磕綽！我靠倒這牆。」

明鈔本《四春園》二、白：「天色晚也，來到這後花園中，我跳過這牆去。〔做跳牆科，云：〕阿可綽！我跳過這牆來，一所好花園也！」

《獨角牛》三【白鶴子】：「你笑我身子兒尖，可也使不著臉兒甜，本對也可不道三角瓦兒，阿可赤可兀的絆翻了人，則我這一對拳到收贏了你個颩。」

《破天陣》一、白：「阿可綽！我跳過這牆來了也，是好花園也。」

《女姑姑》一【村里迓鼓】白：「我一隻手揪住這苫牆的柳枝，一隻腳蹬住這缺牆，阿各綽！我跳過這粉牆來。」

阿磕綽，象聲詞，狀倒下或跳越聲。又作阿各綽、阿可綽、阿可赤，皆一音之轉。

挨倚（aī yǐ）

《延安府》二【倘秀才】白：「今日老漢見你箇清耿耿忒正直無私曲宰相官人，與俺這離著鄉，背著井，忍著寒，受著冷，苦懨懨，窮滴滴，無挨倚的百姓做主。」

挨倚，猶云依靠。明人雜劇《認金梳》二【幺篇】：「閃的我便無所歸，無挨倚」，亦其例。或作捱靠，如《董西廂》卷六：「小生客寄，沒箇人捱靠。」或作挨靠，如《拜月亭》二折：「你孩兒無挨靠，沒依仗，深得他本人將傍。」意並同。

挨桫

挨匝

元刊本《老生兒》三【金焦葉】：「吵鬧了前庄后庄，挨匝滿高墙矮墙。」

《東坡夢》三【幺篇】：「你那裏挨挨桫桫，閃閃藏藏，無影無蹤。」

《留鞋記》三【滿庭芳】：「這繡鞋兒只爲人挨匝，知他是失落誰家。」

挨桫，一作挨匝，眾人擁擠貌。或又作挨拶，南宋·葛長庚《鶴林問道篇》：「昔日天子登封泰山，其時士庶挨拶，獨召一縣尉行轎而前。」重言之則言挨挨拶拶，如《琵琶記》十六：「那一個敢挨挨拶拶縱誼譁」；清·洪昇《長生殿·彈詞》：「挨挨拶拶出延秋西路」，是也。按桫、匝、拶，音近通用。

挨挨搶

《黃花峪》一【醉扶歸】：「假若是你的媳婦者波，我走將來挨挨
搶，你恨不的一跳三千丈。」

挨挨搶，猶挨挨蹭蹭，擁擠貌。或作挨挨搶搶，明·朱權《慶朔堂》劇
二折：「走將來挨挨搶搶，全不似好人的式樣。」《水滸全傳》第七十二回：「宋
江第五箇，向人叢裏挨挨搶搶，直到城裏。」按「挨挨搶」爲「挨挨搶搶」
之省詞。或作捱捱濟濟，如《西遊記》六本二十三齣：「道俗僧尼一齊來訪，
捱捱濟濟」，是也。

艾虎
虎艾

明·賈仲明《金安壽》三【逍遙樂】：「翦綵仙人懸艾虎。」

《射柳捶丸》四【川撥棹】：「丹漆盤包金角黍，巧結成香艾虎。」

《詞林摘艷》卷二【南呂賀新郎·雨歇梅天】：「插艾虎，懸硃符。」

《盛世新聲》【中呂粉蝶兒·殿閣生涼】：「虎艾遍門懸，龍舟也齊盪
槳。」（亦見於《詞林摘艷》卷三。）

《燕子箋·扈奔》：「懸艾虎在簾間。」

明·常倫小令〔北正宮·醉太平〕：「門懸著艾虎，酒泛著菖蒲。」

艾虎，倒作「虎艾」；舊時迷信，用作驅邪之物。梁·宗懍《荊楚歲時
記》，謂於五月五日，用艾葉作虎形，或剪綵爲小虎，帖以艾葉，戴頭上，
可驅邪。明·彭大翼《山堂肆考》卷十一亦云：「端午以艾爲虎形，或剪彩
爲虎，粘艾葉以戴之。」

愛女
愛女娘

《救風塵》四【雙調新水令】：「賣弄他能愛女，有權術。」

又同劇二【幺篇】：「普天下愛女娘的子弟口，那一個不指皇天各般
說咒？」

《金線池》四、白：「那個愛女娘的似你這般放刁來？」

《殺狗勸夫》三【煞尾】：「愛女處，乾廝迎。」

《百花亭》一【金盞兒】白：「小二哥，你也知道我粧孤愛女，你肯與我做個落花的媒人，與那賀家姐姐做一程兒伴。」

愛女，或作愛女娘，喜嫖妓、好女色之意。《董西廂》卷八：「這廝一生愛女，今番入死。」亦其例。

愛撇

《燕青博魚》二【油葫蘆】：「諕的我咬定下唇，掐定指紋，又被這個不防頭愛撇的甎兒隱，可是他便一博六渾純。」

「愛」爲「礙」的叶音，「愛撇」即「礙撇」，防礙丟擲的意思。

愛的做

愛處做

《澠池會》三【尾聲】：「送俺上雕輪駟馬車，敢有二箇興心進一步，拚了箇隕首捐軀，我和他愛的做，和你那錦片也似秦川做不的主。」

《後庭花》二【黃鍾尾】：「難分說，怎分訴，做納下，廝欺負。要行處，便行去，由得你，愛的做。」

《岳陽樓》四《七弟兄》：「由你到大處告去，只揀愛的做。」

《謝金吾》四【雙調新水令】：「我和你直叩青蒲，揀著那愛處做。」

愛的做，猶言歡喜怎樣做就怎樣做，願意怎樣做就怎樣做。愛處做，義同。

安下

《金錢記》四、白「在知章學士府第安下。」

《盆兒鬼》一【混江龍】白：「你今晚就在此安下。」

《爭報恩》楔、白：「將家屬留在這權家店上安下。」

又同劇一、白：「夜晚來在那大人家稍房裏安下。」

《馮玉蘭》三【么篇】白：「這是小姐，請他在俺這船後艙安下。」

安下，動詞，謂安歇、就寢。敦煌變文《張維深變文》：「安下既畢」，同此義。若轉爲名詞，則當「住處」講，如《詞林摘艷》卷二【仙呂聚八仙・巴到西廂】：「此際當不過暑氣炎，宜趁步尋安下。」

安車

《誶范叔》二、白：「已曾分付左右，輛起安車，往須賈大夫宅中走一遭去。」

《趙禮讓肥》四、白：「想得當今賢士，再無有過如趙禮、趙孝的。已曾將他名姓，著令所在地方，安車蒲輪，傳送入朝去了。」

又同劇四【沉醉東風】：「想當時受盡了千辛萬苦，誰承望有今日駟馬安車。」

安車，坐乘之車。《禮記・曲禮上》：「大夫七十而致仕……適四方，乘安車。」鄭玄注：「安車，坐乘，若今小車也。」孔穎達疏：「古者乘四馬之車，立乘。此臣既老，故乘一馬小車，坐乘也。」《晉書・輿服志》：「車，坐乘者，謂之安車。倚乘者，謂之立車，亦謂之高車。周禮惟王后有安車也，王亦無之。自漢以來，制乘輿乃有之。」

安札

《盆兒鬼》一【混江龍】：「過一搭荒村小徑，轉幾曲遠浦浮槎，喳則去那汪汪的犬吠處尋安札。」

安札，名詞，謂居所、住處。若用爲動詞，則謂安置、安頓，如明人小說《金瓶梅詞話》：「月娘道：『還纏什麼溫葵軒、烏葵軒哩，平白安扎您樣行貨子，沒簾（廉）恥！』」札、扎同音通用。

安存

《後庭花》一【青哥兒】：「放你私奔，則要你好好安存。」

《坦橋進履》一【青哥兒】白：「我一發指引與你立身之事，別處難以安存，直至下邳城去。」

《西廂記》二本一折【後庭花】：「第三來諸僧無事得安存。」

《瀟湘雨》四【笑和尚】白：「定道是館驛裏好借安存，誰想你惡狠狠將咱趕出？」

《馮玉蘭》一【油葫蘆】：「我須是有量忖，又沒個村莊道店好安存。」

安存，對個人來講，猶云安身，即安定存在，著重於生活無慮方面。《張協狀元》戲文：「村落人家不足論，不如古廟去安存。」亦此意。對國家來講，著重於平安、沒有危亡方面，如：《韓非子・孤憤》：「今襲跡於齊晉，欲國安存，不可得也。」《漢書・董仲舒傳》：「夫人君莫不欲安存。」《三國志・吳志・華覈傳》：「忘安存之本，邀一時之利。」敦煌變文《捉季布傳文一卷》：「甜言美語卻安存。」此安存則爲安撫之意。

安撫

安伏　安復

安撫，或作安伏、安復。其意有二：一謂安頓；二謂安慰。

（一）

《魯齋郎》二【牧羊關】白：「投到安伏下兩個小的，收拾了家私，四更出門，急急走來，早五更過了也。」

《黑旋風》楔【幺篇】白：「我恰纔囑咐了店家，安撫了嫂嫂。」

安伏，猶安撫，謂安頓、安置。魯人呼「安」作上聲。

（二）

《合汗衫》一【青哥兒】白：「那廝有些怪我，我著幾句言語安伏他咱。」

《劉弘嫁婢》二【尾聲】白：「貪煩惱，卻忘了安復嬌子。」

以好言相安慰，謂之安撫。或作安覆，如《水滸全傳》第七十四回：「教師兩年在廟上不曾有對手，今年是第三番了，教師有甚言語安覆天下眾香官？」是也。

安制

《兩世姻緣》三、白：「又蒙聖恩加爲鎮西大元帥，鎮守吐蕃，安制邊疆。」

安制，這裏有綏靖、制伏、安定等義。按《荀子・王道》：「百姓莫敢不敬分安制，以化其上。」注：「安制，謂安於國家之制度，不敢踰分。」《漢書・刑法志》：「未有安制矜節之理也。」義同。

安置

安置：一謂大臣被貶發遣遠處居住；二謂就寢；三猶打點，即疏通、託人關照之意。

（一）

《貶黃州》三、白：「臣耐蘇軾毀我，已令臺官彈劾，貶謫黃州安置。」

又同劇楔，白：「自從將學士蘇軾安置黃州，不覺又過數年。」

宋制：宰相一級的大臣被貶謫，發遣到邊遠地方叫做安置。後來對一般大臣也稱安置。宋・張端義《貴耳集》：「考之典故，『安置』待宰執侍從，『居住』待庶吉小臣。」又云：「三年（宋理宗端平三年），明堂雷應詔上第三書，得旨韶州安置。」《清平山堂話本・五戒禪師私紅蓮記》：「忽一日學士被宰相王荊公尋件風流罪過，把學士奏貶黃州安置去了。」

（二）

《金鳳釵》三【鬬蝦蟆】白：「大哥，店身裏胡亂睡一夜，請安置。」

《陳摶高臥》四【沉醉東風】白：「您每各自安置，我待睡也。」

《度柳翠》三【滿庭芳】：「你和這衫兒永別，將背子道個『安置』。」

此「安置」謂就寢、休息。宋・羅大經《鶴林玉露》卷五：「陸象山家，每晨興，家長率眾子弟致恭於祖禰祠堂，聚揖於廳，婦女道萬福於堂，暮安置亦如之。」《清平山堂話本・快嘴李翠蓮記》：「鋪了床，伸開被，點上燈，請婆睡，叫聲『安置』進房內。」《水滸》第二十回：「張牌答應，先喫了晚飯，叫了『安置』，望廟中去了。」《儒林外史》第二回：「叫了『安置』，各自歇宿。」以上皆其例。

（三）

《灰闌記》一【賺煞】白：「則是衙門官吏，也要安置停當。」

此「安置」，猶打點，即疏通、託人關照之意。

安樂窩

安樂窠

《裴度還帶》一【油葫蘆】：「我則待安樂窩中且避乖，爭奈我便時未來。」

《金安壽》四【唐兀歹】：「安樂窠修眞好避乖。」

《小張屠》三【二煞】：「張家安樂窩中且快哉。」

《陽春白雪》前集二楊澹齋【湘妃怨】：「杏花村裏隨緣過，勝堯夫安樂窩。」

《文湖洲集詞》喬吉小令【南呂玉交支・失題】：「運籌帷幄簧筆坐，費心如安樂窩。」

安樂窩，又作安樂窠；「窠（kē）」，義同「窩（wō）」。宋・邵雍隱蘇門山（在今河南輝縣）中，名所居爲「安樂窩」。後遷洛陽天津橋南，仍用此名。《宋史・邵雍傳》：「富弼、司馬光、呂公著諸賢退居洛中，雅敬雍，恒相從游，爲市園宅。雍歲時耕稼，僅給衣食，名其居曰『安樂窩』。」後用以指安逸的生活環境。

鞍橋

鞍轎

《千里獨行》三【紅繡鞋】：「曹孟德能施謀略，則要你箇關雲長牢把鞍橋。」

《衣襖車》二【烏夜啼】：「我則見滴溜撲墜落在鞍轎。」

《飛刀對箭》一【青哥兒】：「滴溜撲摔下鞍轎。」

鞍橋，即馬鞍子，取鞍之形狀似橋故稱。漢・史游《急就篇・肨羧羯猰羱羝䋲》注：「䋲角尤大，今人以爲鞍橋。」《北史・傅永傳》：「能手執鞍橋，倒立馳騁。」《宋史・兵志》：「采市曲木爲鞍橋，……」五代・花蕊夫人《宮詞》：「幾回拋鞙抱鞍橋。」《劉知遠諸宮調》十二：「提離馬鞍喬。」皆其例。

鞍鞊

《梨園樂府》上關漢卿散套【二十換頭・雙調新水令】：「玉驄絲鞚錦鞍鞊。」

《女學士》二、白：「錦鞍飛鞊蹄輕。」

鞍鞊，放在騾馬背上便於騎坐的東西。「鞊」，《廣韻》：「鞊，他協切。」《集韻》、《韻會》：「鞊，託協切。」並音帖（tiē）。《說文》謂革飾。《廣韻》謂鞍飾。《三國志平話》卷下：「曹公用鞍鞊遮其首，順流而下。」亦其例。

揞（ǎn）

《蕭淑蘭》二【紫花兒序】：「雙袖漫漫將淚揞。」

《太平樂府》卷八・喬吉散套【一枝花・私情】：「風聲兒惹起如何揞？」

揞，謂揩拭也，如例一。北人於傷口敷藥，也叫「揞」。

又謂掩藏、掩蓋，如例二。《方言》第六：「揞，藏也。荊楚曰揞，吳揚曰揜。」按「揜」同「掩」。《雍熙樂府》作「按」，謂按住、息止，義亦近。

案板

按板

案板，廚房作麵食或切菜用的厚木板；元劇裏一般用來指肥豬，或形容辦事穩妥。

（一）

《救風塵》四【雙調新水令】：「笑吟吟案板似寫著休書，則俺這脫空的故人何處？」

此「案板」，是借板面之平穩，以喻辦事之穩妥可靠。

（二）

《村樂堂》二【南呂一枝花】：「同知著我不將差罰當，專把征駝喂，喂的似按板肥。」

按板，即案板，指肥豬；惟元人用案板比肥豬，何所取義尚不明。明人雜劇《怒斬關平》二、白：「哥哥用心，刷鮑的潑油也似光，案板也似肥，喂的犇牛也似劣。」「按」為「案」的同音假借字。

案房

《魯齋郎》一【仙呂點絳唇】：「則俺這令史當權，案房裏面，關文卷。」

案房，是舊時官衙中辦公及存放檔案的房間。

案酒

按酒

《城南柳》楔、白：「這先生真是個乞化的，買得五十文錢酒，怎生又要案酒？」

《盆兒鬼》一、白：「早些起來，收拾鋪面，定下些新鮮的案酒菜兒。」

《酖江亭》二、白：「酒怕無有，爭奈無有案酒。」

《岳陽樓》楔、白：「我今日打點些按酒去。」

《范張雞黍》一、白：「哥哥，我要回你酒，待我去看些按酒來。」

《還牢末》四【朝天子】白：「拿住姦夫淫婦了也，將他兩個剖腹剜心，俺做按酒。」

案酒，一作按酒，指下酒的菜肴、果品之類，即下酒物，故亦稱「下酒」。《董西廂》卷三：「吃著下酒沒滋味，似泥土。」《警世通言·俞仲舉題詩遇上皇》：「解元，要甚下酒？」皆其例。宋·陸游《老學庵續筆記》云：「梅宛陵詩，好用『案酒』，俗言『下酒』也，出陸璣《草木疏》：『荇，按余也，白莖，葉紫赤色，正圓，徑寸餘，浮水上，根在水底，與之深淺。莖大如釵股，上青下白。煮其白莖，以苦酒浸之，脆美可案酒。』今北方多言『案酒』。」

按捺

按納

《忍字記》二【黃鍾尾】：「深山中將一箇養家心來按捺，僧房中將一箇修行心來自發。」

《西廂記》三本三折【攪箏琶】：「真假，這其間性兒難按納，一地裏胡拿。」

《貶夜郎》三【醉高歌】：「按捺定心頭氣，勉強山呼萬歲。」

《灰闌記》三【四門子】：「我道他爲甚的聲聲把我娼根罵，似這等無明火難按納。」

《雍熙樂府》卷四散套【點絳唇·贈麗人】：「俏風聲委實難按納。」

按捺，一作按納，謂壓抑、忍耐。王季思注《西廂》云：「鶯鶯之性兒眞假，難捉摸也。」並引《雍熙樂府》卷四【點絳唇套·贈麗人】：「俏風聲委實難按納」句，以爲「句法正同」，似未當。蓋「俏風聲委實難按納」，有春色滿園關不住之意，非謂無從捉摸也。

按捺，或作按捺，如《清平山堂話本·刎頸鴛鴦會》「氣得按捺不下。」或作掩納，如《警世通言·白娘子永鎮雷峰塔》：「無明火焰騰騰高起三千丈，掩納不住。」等等。

《元曲選》音釋：「捺，囊亞切。」按「捺」、「納」同音；「捺」、「捺」同字異體；「按」、「掩」同韻。

凹答（āo dā）

《黃粱夢》三【玉翼蟬煞】：「崎嶇峪道，凹答岩壑。」

《流星馬》三【古竹馬】：「怕踏碎莎草黃華，過漢軀殘水凹答。」

《詞林摘艷》卷三、梨園黑老五【粉蝶兒·集中州韻】：「黑泥壁頹摧廢驛，雜下凹答撒沙湖。」

凹答，形容地勢低窪之貌。

熬煎

懊煎

熬煎，一作懊煎；有受苦、糾纏、奉承等義。

（一）

《五侯宴》二【梁州】：「我熬煎了無限，受苦了偌些。」

《金鳳釵》一【金盞兒】白：「你子母休熬煎！我到來朝一日，向周橋上題筆賣詩，若賣得些錢，養活你，若賣不的，再做計較。」

《牆頭馬上》四【么篇】：「赤緊的陶母熬煎，曾參錯見，太公跋扈。」

《霍光鬼諫》二【紅繡鞋】：「在家時，孩兒每行，受了些熬煎。」

《元人小令集》曾瑞【快活三帶朝天子·勸娼】：「花刷子拽大權，俏勤兒受懊煎。」

熬煎，一作懊煎，極言人憂慮或痛苦，猶如在鍋中被煎熬之狀。宋·羅泌《路史》：「管仲斷割，而隰（xí）朋熬煎之。」則是以烹飪爲喻，言使之成熟也。或作傲煎，如《小孫屠》戲文：「怎推這鐵鎖沈枷，麻搥撒子，受盡傲煎」，是也。按懊、傲，均與熬音近，借用。

（二）

《金鳳釵》二、白：「若是賣不的詩，覓不的錢，俺渾家那一場熬煎，怎支吾也呵？」

《紫雲庭》二【隔尾】：「嗨！比俺娘那熬煎爭十倍。」

《羅李郎》三【醋葫蘆】：「不知是那個小廝，一聲聲喚這老子和那熬煎我的須索辨個雄雌。」

《元人小令集》：「那廝口兒奸，偏寒賤，向牀兒前跪下，把人熬煎。」（偶失題。）

以上「熬煎」，謂糾纏、纏擾。

（三）

《曲江池》一【青哥兒】：「那怕你堆積黃金到北斗邊，他自有錦套兒騰掀，甜唾兒粘連，俏泛兒勾牽，假意兒熬煎，轆軸兒盤旋，鋼鑽兒鑽研。不消得追歡買笑幾多年，早下翻了你個窮原憲。」

此「熬煎」，謂奉承。

鏖糟

鏖糟

《燕青博魚》一：〔燕二云：〕哥哥，俺是甚等樣人家，著他辱門敗戶，頂著屎頭巾走，你還不知道？「燕大云：」兄弟也，我怎生頂著屎頭巾走。〔搽旦云：〕你哥哥更是鏖糟頭。」

《鐵拐李》四【醉春風】：〔做叫門云：〕岳大嫂開門來！〔岳旦開門云：〕一個鏖糟叫化頭出去！」

—17—

　　鏖糟，謂污穢不潔。元・陶宗儀《輟耕錄》卷十：「俗語以不潔爲鏖糟。」「鏖糟」是南方人說法，猶如北人說「腌臢」，一音之轉。一作鏖糟，或作熬糟、鏖頭、齷齪頭，如明人雜劇《流星馬》二折：「熬糟禽獸無禮！」《岳飛精忠》楔子：「叔叔是鏖頭，妗子是歪剌。」《李雲卿》三折：「就得了仙道，也是箇齷齪頭。」字形雖不同，其義則一。《燕青博魚》劇中的「鏖糟頭」，是譏燕大戴綠頭巾（俗稱妻子有外遇者，謂其丈夫戴綠帽子）；《流星馬》劇中的「熬糟」，是咒罵鐵脅金牙褻瀆禮法，也都是污濫不潔的意思。

　　《漢書・霍去病傳》：「合短兵鏖皋蘭下。」顏師古注引晉灼曰：「世俗謂盡死殺人爲鏖糟。」元・陶宗儀《輟耕錄》卷十引此論曰：「然義雖不同，卻有所出。」今亦謂心緒煩亂爲「鏖糟」，北京話叫做「熬頭噁心煩」。

鰲山（áo shān）

　　《留鞋記》三【上小樓】：「遊人稠雜，鰲山畔把他來撇下。」

　　《詞林摘艷》卷二無名氏散套【黃鍾畫眉序・元夜】：「禁苑點花燈，綵結鰲山勝蓬瀛。」

　　《盛世新聲》【雙調新水令・鳳城佳節賞元宵】：「鳳城佳節賞元宵，遶鰲山瑞雲籠罩。」

　　古代傳說海上有巨龜背負神山。後世每逢燈節，即模象其形，把許多彩燈紮架而起，供人觀賞，謂之鰲山。此風宋代頗盛。《乾淳歲時記》：「元夕二鼓，上乘小輦，幸宣德門，觀鰲山。山燈凡數千百種，其上伶官奏樂；其下爲大露臺，百藝群工，競呈奇技，繚繞於燈月之下。」爲大露臺，百藝群工，競呈奇技，繚繞於燈月之下。」宋・張端義《貴耳集》：「宣和元夜，上幸端門，近臣皆進詩。有問王岐公用甚故事，答以鳳輦鰲山，問者不樂，以爲譖也。及見岐公進詩云：『雙鳳雲中扶輦下，六鼇海上駕山來。』問者嘆服。」《京本通俗小說・志誠張主管》：「不如去一處看，那裏也抓縛著一座鰲山。」《清平山堂話本・戒指兒記》：「時值正和二年上元令節，國家有旨，賞慶元宵，鰲山架起，滿地華燈，笙簫社火，鑼鼓喧天。」以上皆宋代著作記宋代事，可證當時燈節之盛況。元、明時代，燈節也起鰲山，張華燈，熱鬧非常，上引諸曲例，可證。

八陽經

《紫雲庭》一【混江龍】:「我唱的是《三國志》,先饒《十大曲》;
俺娘便《五代史》,續添《八陽經》。」

《對玉梳》二【滾繡毬】:「因甚的鬧炒炒做不的個存活!每日間《八
陽經》便少呵也有三千卷,《五代史》至輕呵也有二百合。」

《酖江亭》二【尾聲】:「好一會,弱一會。連麻頭,續麻尾。空著
我念《八陽金經》,陶到有一車氣。」

《樂府新聲》無名氏小令【滿庭芳】:「《五代史》般聒聒炒炒,《八
陽經》般絮絮叨叨。」

張相釋「八陽經」爲胡鬧之意(見《詩詞曲語辭匯釋》)。疑爲當時行院
中諢語,出處待考。

八水三川

三川八水

《東牆記》五【梅花酒】:「俺如今踐登程路途沿,幾時到八水三
川?」

《智勇定齊》四、白:「八水通流分上國,三川似錦樂烝民。」

《持漢節蘇武還鄉》三【一煞】:「想殺人十親九故,盼殺我也八
水三川。」(《詞林摘艷》卷三收《蘇武還鄉》雜劇,文字同。)

《澠池會》二【尾聲】:「看了那三川八水西秦地。」

漢·司馬相如《上林賦》:「蕩蕩乎八川,相背異態。」注:「善曰:『潘
岳《關中記》曰:霸、滻、涇、渭、酆、鎬、潦、潏,凡八川。』宋·王應
麟《小學紺珠·地理類·八川》:「涇、渭、灞、滻、酆、鎬、潦、潏。」《國
語·周語》:「西周三川皆震。」注云:「三川涇、渭、洛,出於岐山也。」這
裏說「八水三川」或「三川八水」,是總合二者而言的,用以形容西秦之地,
水足土肥,物饒年豐。敦煌變文《王昭君變文》:「八水三川如掌內,大道青
樓若眼前。」可見此說法由來已久。

八答麻鞋

八答鞋　八踏韃

《黑旋風》一【滾繡毬】白：「你這般茜紅巾、腥衲襖、乾紅裌膊、腿繃護膝、八答麻鞋，恰便似煙薰的子路，墨染的金剛。」

《碌砂擔》二【隔尾】：「一領布衫我與你剛剛的扣，八答麻鞋款款的兜。」

《甃江亭》二、白：「著我頭挽雙鬏髻，身穿粗布袍、腰繫雜彩縧、腳下行纏八答鞋。」

《女貞觀》一【幺】：「八踏韃（鞋）露濕凌波映。」

八答，一作「八踏」。八答麻鞋，謂有耳穿孔之麻鞋。八答，疑爲狀聲詞，形容穿這種鞋走路著地的聲音。或可爲狀形、狀義詞，謂鞋襻交叉也。

或又作八搭，如《水滸》第二十回：「身穿一領黑綠羅襖，下面腿絣護膝，八搭麻鞋。」

答、搭、踏同音通用；鞋、韃同字異形。

巴巴

剝剝　把把

巴巴，一作剝剝、把把：一用作形容詞，狀緊急迫切貌；二狀黏合不解貌；三指糞便；四用作象聲詞。

（一）

《冤家債主》一【混江龍】：「俺大哥一家無外，急巴巴日夜費籌劃。」

《薛仁貴》二、白：「眼巴巴不見孩兒回來。」

《盆兒鬼》一【賺煞】：「可憐你淚眼如麻，望巴巴。」

《馮玉蘭》四【喬牌兒】：「還待要嘴巴巴不肯應。」

《樂府群珠》卷四仲覺子老更狂小令【中呂普天樂·旅況】：「想途中朝暮巴巴，母親望他，妻兒問咱，知他是何日還家？」

以上「巴巴」，喻忙迫貌。如盼望迫切曰眼巴巴、望巴巴；如急於有所得曰急巴巴；言語急繁忙，曰嘴巴巴，等等。

《董西廂》卷五：「我眼巴巴盼今宵。」明人雜劇【逍遙樂・前腔】：「咳！世事甚朦朧，愛此頑銅，閭閻百姓至王公，無不巴巴要囊裏重。」《紅樓夢》第三十五回：「巴巴兒的想這個吃。」據此，知金代已有此口語，元明清各代一直到現在還在沿用。如眼巴巴、急巴巴等，還存在于現代口語中。

又「□巴巴」，讀陰平；「巴巴」、「巴巴兒」，則讀 bà bār。

（二）

《獨角牛》一【尾聲】白：「你看那獨角牛身凛凛，貌堂堂，你這等瘦巴巴的，則怕你近不的他也。」

《薛仁貴》二【商調集賢賓】：「折倒的我來瘦懨懨身子尫羸，憂愁的我乾剝剝髭鬢斑白。」

《太平樂府》卷九王伯成散套【哨遍・項羽自刎】「乾剝剝天寒地冷。」

以上「巴巴（剝剝）」，狀物之黏合不解貌。乾巴巴（剝剝）狀其乾滯，瘦巴巴狀其乾枯。近代詞彙上「乾瘦」常連文，故「瘦」亦有「乾」意也。

（三）

《存孝打虎》三、白：「我若殺不過，我便走了，看你怎生剌巴巴。」

《魏徵改詔》一【尾聲】白：「看那弟子孩兒每怎麼拉把把。」

《岳飛精忠》楔、白：「得了勝的著他帥府裏就挂元帥印，輸了的都罰去史家胡同吃把把。」

巴巴（把把）（bǎ・ba），小兒呼糞便之稱。《醒世姻緣》第三十三回：「如今自己挑了黃匆匆的一擔把把，這臭氣怎生受得。」今北人仍稱小兒拉屎為拉把把，南人呼撒污，徐州人讀「拉」為「屙（ē）」。

（四）

《㑳梅香》二【隨煞尾】：「巴巴的彈響窗櫺。」

《盛世新聲》寅集【大石念奴嬌・驚飛幽鳥】：「剝剝的彈響窗櫺時。」

巴巴（剝剝），讀陰平，用作象聲詞，狀彈擊之聲。

—21—

巴結

巴劫　劫巴　結巴

巴結，或作巴劫，或倒作劫巴、結巴。其意有二：一是形容辛苦、艱難、忙迫、努力的樣子；二謂趨附奉承。現代口語，還沿用這兩種用法。

（一）

《介子推》三【醉高歌】：「行路途劫劫巴巴。」

又同劇四【寨兒令】：「道他曾巴巴劫劫背（揹）著主公，破破碌碌踐紅塵。」

《盆兒鬼》一【混江龍】：「世不曾閒閒暇暇，常則是結結的這巴巴。」

《樂府群珠》卷三劉庭信小令【折桂令·憶別】：「祭竈的時節，篤篤寞寞終歲巴結，孤孤另另徹底咨嗟。」

巴結，為形容辛苦、艱難、忙迫、努力之詞；重言之，則是為加重語氣。《京本通俗小說·錯斬崔寧》：「光陰迅速，大娘子在家巴巴結結將近一年。」《紅樓夢》第六十四回：「若說一二百，奴才還可巴結；這五六百，奴才一時那裏辦得來？」

巴結，或又作巴急，如《喻世明言·沈小官一鳥害七命》：「父子三人，正是衣不遮身，食不充口，巴巴急急，口食不敷。」又崇禎本《金瓶梅》第一回：「單道世上人營營逐逐，急急巴巴，跳不出七情六慾關頭，打不破酒色財氣圈子。」皆其例也。

（二）

《救風塵》二【商調集賢賓】：「他每待強巴劫深宅大院，怎知道摧折了舞榭歌樓？」

巴劫，即巴結，趨附奉承，攀高接貴之意。章太炎《新方言·釋言》：「《小爾雅》：『傅，近也。』《廣韻》：『傅，就也。』古言傅者，猶今言附。今人曰黏近在上曰傅在上，音如巴，若逋轉為巴矣。常言有趨奉結納，故今謂以諂事人為傅結，音如巴結。」《兒女英雄傳》第二十四回：「憑你怎樣的巴結他，他怎肯忍心害理的違天行事。」李伯元《官場現形記》第六回：「虧得這位本府，自從王夢梅到任以來，為他會巴結，心裏還同他說得來。」

巴鏝

《紫雲庭》一【後庭花】：「俺這個很（狠）精伶，他那生時節決定，犯著甚愛錢巴鏝的星。」

《樂府新聲》卷中無名氏小令【滿庭芳】：「成不成虛交人指點，是不是先巴鏝傷廉。」

《雍熙樂府》卷十散套【一枝花・行樂】：「也不怕棄舊憐新女嫌，也不怕愛錢巴鏝娘嚴。」

巴鏝，舊日博戲名，盛行於宋、元。它是用錢爲博具，以錢之兩面：「字」（錢正面）及「幕」（錢反面）定輸贏。「巴」是巴巴渴望之意，「鏝」，「幕」字之訛。「巴鏝」，渴望贏錢也。因之，又轉爲愛錢或牟利之意。或作「敲鏝」，義同，如《救風塵》一、白：「這弟子敲鏝兒哩。」

巴鏝，一作巴謾，如《宣和遺事》亨集：「一片心只待求食巴謾。」

巴臂

巴壁　巴避　笆壁　把臂　把背

巴臂，有來由、把柄、辦法等意，分述如下。

（一）

《紫雲庭》二【三煞】：「這番早則難云床頭揭壁衣，幹，幹，亂下風電的又沒巴臂。」

《貶夜郎》三【三煞】：「你唯情之外別無想，除睡人間總不知；謊得來無把臂，不曾三年乳哺，一刻合肥。」

《雍熙樂府》卷十一【新水令套・祿山憶貴妃】：「往常時胖得來無把背，如今瘦得來忒恁地。」

巴臂，猶言來由，它常與否定詞「沒」或「無」連在一起用。蘇軾《戲人》詩：「有甚意頭求富貴，沒些把鼻使奸邪。」宋・吳潛【望江南】詞：「著甚來由爲皎皎，好無巴鼻弄醒醒。」元・盛如梓《庶齋老學叢談》卷中《雪獅》詞：「沒巴沒鼻。」（《錢塘遺事》作「沒靶沒鼻」。）戲文《張協狀元》二十【奈子花】：「沒巴臂便來打起。」戲文《小孫屠》八【同前】：「勸娘行也休得嘔氣，這般閑爭甚巴臂？傍人聽，是何張志？」按巴臂、把臂、把背、

巴鼻、靶鼻，俱是來由之意，與「把鼻」爲一聲之轉。蓋宋、元口語，本無定字，隨手拈一同音或音近的字，故寫法不同。

（二）

《灰闌記》四【鴈兒落】：「怎當他官不威牙爪威，也不問誰有罪誰無罪；早則是公堂上有對頭，更夾著這祗候人無巴壁。」

巴壁，亦爲「把鼻」的異寫，這裏意謂把柄、把握、根據。明·田汝成《委巷叢談》：「杭人語，言人作事無據者曰沒巴鼻。」《朱子語類·輯略》：「若是如此讀書，如此聽人說話，全不是自做工夫，但無巴鼻。」《京本通俗小說·錯斬崔寧》：「這十五貫錢，分明是他丈夫與女壻的，你卻說是典你的身價，眼見的沒巴臂的說話了。」《水滸》第四十五回：「這廝倒來我面前又說海闍黎許多事，說得個沒巴鼻。」皆其例。

（三）

《秋胡戲妻》二【呆骨朵】：「早則俺那婆娘家無依倚，更合著這子母每無筢壁。」

《太平樂府》卷九杜善夫散套【耍孩兒·喻情】：「閑槽枋趀裏酒無巴避。」

《董西廂》卷四【黃鍾宮·尾】：「一刻兒沒巴避抵一夏。」

這裏的「巴避」、「筢壁」，意謂辦法。「一刻兒沒巴避抵一夏」，是說張生急得沒辦法，把一刻看作長如一夏。「閑槽枋裏趀酒無巴避」，是說身在釀酒的作坊裏，想忌酒也無辦法；此「巴避」解作把握，亦通。

扒頭

《酷寒亭》三【梁州第七】：「又無那小扒頭濃妝艷裏。」

扒頭，妓女之別稱。

扒沙（bā shā）
扒扠

《張生煮海》三【滾繡毬】：「則見錦鱗魚活潑剌波心跳，銀腳蟹亂扒沙在岸上藏。」

《延安府》二【尾聲】白：「俺八府宰相正飲酒哩，不知你從那裏扒扠將來。」

扒沙，扒扠，都是爬行的意思。或作杷沙、爬沙，如韓愈《月蝕詩效玉川子作》：「杷沙腳手鈍。」楊萬里《和蕭判官》：「尙策爬沙追歷塊。」或作扒叉，如明·無名氏雜劇《南極登仙》三折：「四腳扒叉水上遊。」義均同。宋·沈遘《沈文通集》：「四腳爬沙腳如戟」句中的「爬沙」，是叉枒分開意。北語呼並紐濁音字，俱同幫紐，故「爬」作「扒」。杷、扒同音混同。

芭棚

巴棚　笆篷

《趙氏孤兒》二【梁州第七】白：「就在這芭棚下放下這藥箱。」

《李逵負荊》三【後庭花】：「惱的我怒難消，踹匾了盛漿鐵落，轆轤上截井索，芭棚下瀽副槽。」

《盛世新聲》【正宮端正好·訪知音習醉和】：「醉時節六軸上喬衙坐，醉時節巴棚下和衣兒臥。」（亦見於《詞林摘艷》卷六。）

《元人小令集》周文質《失題》五首之四：「迓鼓童童笆篷下。」

芭棚，是用葦或茅等物所搭之棚，以避風雨者。芭，或作巴、笆；棚，或作篷；音意並同。

拔白

《蝴蝶夢》四【雙調新水令】：「我從未拔白悄悄出城來，恐怕外人知大驚小怪。」

《青衫淚》一【仙呂點絳唇】：「從天未拔白，酒旗挑在歌樓外。」

拔白，即「發白」意，謂破曉、黎明也。三國·應璩《雜詩》：「粗醜人所惡，拔白自洗蘇。」清·洪昇《長生殿·絮閣》：「一夜無眠亂愁攪，未拔白潛縱來到。」

拔禾

元刊本《薛仁貴》三、白：〔正末扮拔禾上，云：〕

《太平樂府》卷六周仲彬散套【蝶戀花·悟迷】:「盼芳容同棲繡幃，奈儒風難立鳴珂，嘆書生輕別素娥，看佳人輸與拔禾。」

《雍熙樂府》卷八散套【一枝花·玉馬杓】:「舀得個拔禾俫家計空空，兜得些偷花漢勞心冉冉，敲得些販茶商睡思慞慞。」

拔禾，即拔和，宋、元鄉語。「禾」或「和」，都是農家人的意思。宋·灌園耐得翁《都城紀勝》「瓦舍眾伎」條和宋·吳自牧《夢粱錄》卷二十「妓樂」條，在記「雜扮」時，都說「雜扮」或名「拔和」，而上舉各例則均作「拔禾」，可能宋時多作「和」，後世省作「禾」。按所謂「雜扮」，當是扮演各色農村人物的稱謂。元刊本《薛仁貴》扮薛父者是指農村老兒，地位相當於元雜劇中常見的「孛老」。二、三兩例所指雖不詳，但也可肯定是出身於農村的雜扮藝人。再證以《黃鶴樓》劇第二折，其中「淨」為「禾旦」，「正末」為「禾俫」，且有「禾詞」，則「拔禾」是指出身於農村的雜扮藝人，應無疑議（說見胡忌《宋金雜劇考》）。

拔短籌

《竇娥冤》一【油葫蘆】:「嫁的箇同住人，他可又拔著短籌。」

《救風塵》二【幺篇】:「那一個不實丕丕拔了短籌？」

《老生兒》三【紫花兒序】白:「不想你也拔著短籌，都死了。」

《兩世姻緣》二【高過隨調煞】:「心事人拔了短籌，有情人太薄倖。」

《詞林摘艷》卷五鮑吉甫散套【新小令·似一江春水向東流】:「你虛飄飄拔了短籌。」

籌，是古代記數的工具。籌上刻著數目。短籌表示數目小。元曲中常用「拔短籌」比喻夭亡或有始無終。今豫北猶有「拔短」一語，意指賭博者贏錢即拔腿而去，不再賭下去，被稱為「拔短鬼」。言其有始無終，與「拔短籌」涵義相近。

把與

《看錢奴》三、白:「一個錢只買得半塊荳腐，把與那個喫？」

《老生兒》二【幺篇】白:「兒也，我前者把與了你些錢鈔，都那裏去了？」

《張生煮海》四【折桂令】白：「偶因追趕令愛，到海岸上遇著一位
仙姑，把與我來。」

《金錢記》三【滿庭芳】白：「這金錢正是我的，我把與女孩兒帶著，
怎生能勾到這廝根前？」

把與，即「給與」之意。《清平山堂話本·簡帖和尚》：「那廝道：『你莫
問，不教把與你。』」《張協狀元》戲文：「你抵得我一條棒過時，便把與你去。」
亦其例。

把色

把瑟　不色

《藍采和》一、白：「俺兩個一個是王把色，一個是李薄頭。」

又同劇一【天下樂】白：「王把色，你將旗牌、帳額、神幀、靠背，
都與我掛了者！」

又同劇二【鬪蝦蟆】白：「著王把色引著粧旦色去！」

《紫雲庭》三【十二月】：「哎！不色你把那阿那忽身子兒懶撮，你
賣弄你且休波。」

《太平樂府》卷九高安道散套【耍孩兒·淡行院】：「入苗的把瑟歪
著尖嘴，擂鼓的撅丁瘤著左手。」

把色，又作把瑟、不色。「把」、「不」雙聲，借用。灌園耐得翁《都城紀
勝》和吳自牧《夢粱錄》裏，「把瑟」，均作「把色」，且都說是吹曲破人的稱
謂。如《夢粱錄》卷二十「妓樂」條：「先吹破斷送，謂之『把色』。」在元
雜劇《藍采和》第一折的開頭，兩個上場人（王把色和李薄頭）中的王把色，
就擔負著吹曲破的任務。再如元·王惲《秋澗先生大全集》卷七十《樂籍殷
氏醵金疏》云：「鼓笛場中，何堪把色」，也是以「把色」稱吹曲破人之證。

把色，或作「軋色」，如戲文《張協狀元》第二齣：「〔生：〕暫借軋色。
〔眾：〕有。」錢南揚注云：「軋色，當即『把色』，指奏樂者。軋、把一聲
之轉。」

把似

把似，有二意：一謂即使、與其、假如、若是；二謂不如、何如、倒不如。

（一）

《薦福碑》三【滿庭芳】：「把似你便逞頭角，欺負俺這秀才；把似你便有牙爪近取那澹台，周處也曾除三害。

《西廂記》三本二折【脫布衫】：「把似你使性子，休思量秀才，做多少好人家風範！」

《鐵拐李》三【太平令】白：「師父也！把似你與我們完全屍首，怕做甚麼呢？」

《劉行首》二【滾繡毬】：「把似你受驚受怕將家私辦，爭如我無辱無榮將道德學，行滿功高。」

《太平樂府》卷六朱庭玉【祆神急套·閨思】：「把似喚將春去，爭如攛頓取那人來！」

凡在開合呼應句中，「把似」用在上句時屬擬設詞，有即使、與其、假如、若是等意。宋·許棐《落花》詩：「落花傳語五更風，能傍亭臺幾日紅？把似匆匆又飛去，不消裁染費春工。」宋·辛棄疾【浪淘沙·送吳子似縣尉】詞：「來歲菊花開，記我清杯，西風雁過墫山臺。把似倩他書不到，好與俱來。」宋·劉克莊【賀新郎·端午】詞：「把似而今醒到了，料當年，醉死差無苦。」是知此語，宋已有之。

把似，或作把如，如《董西廂》卷八：「把如吃恁摧殘，廝合燥，不（如）出衙門，覓箇身亡卻是了。」又如《七國春秋平話》卷中：「把如你先殺我，我不好先殺你？」

（二）

《望江亭》二【紅繡鞋】：「把似你則守著一家一計，誰著你收拾下兩婦三妻？」

《青衫淚》三【沽美酒】：「每日江頭如爛泥，把似噇不的少喫。」

《鐵拐李》二【滾繡毬】：「這衣服但存幾件，怕你子母每受窮時典賣盤纏。比如包屍裹骨棺函內爛，把似遇節迎寒您子母每穿，省可裹熬煎。」（「比如」句是開，「把似」句是合。）

《㑳梅香》三【鬼三台】：「見他時膽戰心驚，把似你無人處休眠思夢想。」

凡在開合呼應句中，「把似」用在下句時，有不如、何如、倒不如等意，與「爭似」義近。

把似，或作把如，如《董西廂》卷三：「婆婆娘兒好心毒，把如休教請俺去。」或作「把使」，如明・無名氏雜劇《女姑姑》四折：「比如你閑打悲呵，把使當初休勒死。」（「比如」句是開，「把使」句是合。）

把勢

《玉壺春》二【梁州第七】：「若是我老把勢，展旗旛，立馬停驂，著那俊才郎，倒戈甲，抱頭縮項，俏勤兒卸袍盔，納款投降。」

把勢，即把式，意指專精一種技術、手藝或能耐的人。「把勢」一詞，本遼東打鷹者的武技名目（見林佶《遼金備考》），京劇行當也借指「把子」、「武把子」，等等。後來逐漸成爲專門技術人的稱呼，今北人仍有稱鷹把勢、花把勢的，即所謂調鷹、藝花者。一說：「把式」，一詞的來源，是由漢語「博士」被蒙古語借用爲「老師」，再由蒙語搬回來，這樣一出一入，就成了「把式」（見張清常《漫談漢語中的蒙語借詞》）。

把勢，也作裝樣子、姿態解，如湯顯祖《牡丹亭・訣謁》：「牽弓射弩做人兒，把勢。」同書《歡撓》：「昨宵箇微芒暗影輕羅，把勢兒忒顯豁。」即是。

又舊時稱不務正業，靠敲詐騙飯吃，爲「吃把勢飯」；無故向人索取財物的，謂之「打把勢」。清・梁中書《直語補證》：「俗以無所憑借而妄自炫赫者，謂之瞎打把勢。」

把法

《救孝子》二【三煞】白：「我是把法的人，倒要你教我這等這等檢屍！」

《勘頭巾》二、白：「大凡掌刑名的有八件事。可是那八件事？一筆札，二算子，三文狀，四把法，五條劃，六書契，七抄寫，八行止。」

把法，猶言執法，即執行法律之意。

把定

把定物

《智勇定齊》二【鬭鵪鶉】白：「賢女許箇肯字，接了公子把定，再
與你父母議親。」

《風光好》二【牧羊關】：「我等駟馬車為把定物，五花誥是撞門羊。」

《董西廂》卷三【黃鍾調·侍香金童】：「不須把定，不再通媒媾，
百媚鶯鶯應入手。」

舊時訂婚時，男方送給女方的聘禮，謂之「把定」，或稱「把定物」。後
來叫做「下定」。也叫「下茶」，見明·郎瑛《七修類稿》。

把柄

把併

《老生兒》三、白：「如今那好家財，則教我那姐夫張郎把柄。」

《勘金環》楔【賞花時】：「你道我把併家私忒放蕩。」

章太炎《新方言·釋器》：「《詩·小雅·傳》：『秉，把也。』古以秉為
柄。故今謂柄為把柄，或直言把，凡有柄可持者多被此名。」引申其義，謂
把持、掌管；與後來指可作交涉或要挾的憑證為「把柄」，語自不同。如《紅
樓夢》第二十一回：「這是一輩子的把柄兒，好便罷，不好，咱們就抖出來！」
「柄」，一作「併」。

把捉

《魔合羅》二【者剌古】：「咽喉被藥把捉，難叫難號。」

把捉，謂堵著、堵塞。《元曲選》音釋：「捉，之卯切。」

把猾

《鐵拐李》三【雙調新水令】：「只俺個把官猾吏墮阿鼻，多謝得
呂先生化為徒弟。」

《太平樂府》卷九董君瑞【哨遍套·硬謁】：「譚把猾，枉占奸。」

《十樣錦》二【尾聲】白：「因某生前揣奸把猾，死後永做餓鬼。」

把猾，謂耍滑、占奸。曲中「謾把猾，枉占奸」、「揣奸把猾」，均以「奸」、「猾」對舉，可爲證。

把臂

《玉鏡臺》二【煞尾】：「到春來，小重樓策杖登，曲闌邊把臂行，閒尋芳，悶選勝。」

把臂，猶言握臂，以示親密。《後漢書・呂布傳》：「相待甚厚，臨別把臂言誓。」劉宋・劉義慶《世說新語・賞譽》：「豫章若遇七賢，必自把臂入林。」梁・劉峻《廣絕交論》：「自昔把臂之英，金蘭之友，曾無羊舌下泣之仁。」清・孔尚任《桃花扇・孤吟》：「把臂傾盃，何必拘冠裳套禮？」清・蔣士銓《四絃秋》二齣：「難怪六朝擾攘時，賢人把臂入林也。」

把都兒

巴都兒

《漢宮秋》三【鴛鴦煞】白：「把都兒將毛延壽拿下，解送漢朝處治。」

《射柳捶丸》三、白：「把都兒與我擺開陣勢！」

《老君堂》楔、白：「在教場裏豎蜻蜓耍子，巴都兒來報，大王呼喚，不知有何將令，小學生跑一遭去。」

又同劇楔【幺篇】白：「大小巴都兒，擺開陣勢！」

把都兒，又譯爲巴都兒、拔都、八都魯、拔突、阿突兒；蒙古語，意爲勇士，即滿語之巴圖魯。南宋・彭大雅、徐霆《黑韃事略》：「不殺則充八都魯軍。」即《元史・兵志》之拔突也。拔突，華言勇無敵也。《元史・趙阿哥潘傳》：「帝駐釣魚山，合州守將王堅夜來劫營，阿哥潘率壯士逆戰，手殺數十百人。……帝喜曰：『有臣如此，朕復何憂？』賜黃金五十兩，名曰拔都。」元・陶宗儀《輟耕錄》卷二：「拔突，即拔都。」《元朝秘史》及《華夷譯語》均作「把那禿兒」。蓋譯音無定，故有許多不同的譯音和寫法。

把（bà）槌兒

《村樂堂》三【醋葫蘆】白：「手裏拏定把槌兒，打你妳妳眉楞骨。」

把槌兒，謂有柄之小槌兒。把，讀去聲。

耙（bà）

壩 欛

《薦福碑》四【川撥棹】：「你只會拽耙扶犁。」

《衣襖車》一【混江龍】：「倒不如去拽耙扶犁使耕牛。」

《漢宮秋》一【金盞兒】：「誰問你一犁兩壩作生涯？」

《薛仁貴》三【迓鼓兒】：「遍不肯拽欛扶犁。」

《老生兒》楔、白：「那驢子我養活著他，與我耕田耙壠。」

《智勇定齊》一、白：「為兒的耕田壩地去了。」

　　前四例，「耙」用作名詞，指農具；後二例，用作動詞，是用耙弄碎土塊的意思。「耙」字是正寫；「壩」、「欛」是別體，音義俱同。或又作「擺」，如《張協狀元》戲文：「嫌殺拽犁使擺。」

刮劃（bāi·huái）

百劃　佈劃　擺劃　劈劃　擘劃

　　刮劃，又作百劃、佈劃、擺劃、劈劃、擘劃。「劈」，北音讀如「擺」，「擘」讀如「掰」（bāi）」，諸字音並近。有安排、擺布、處理、籌措、籌劃、區處、計劃、辦法、揣摩、分辯等義；意多相通，而又微有區別。

（一）

《玉壺春》三【鬪鵪鶉】：「赤緊的十謁朱門九不開，可著我怎刮劃？」

《張生煮海》二【黃鍾煞尾】：「任熬煎，任佈劃。」

《鐵拐李》四【十二月】：「你把岳孔目燒毀了屍骸，一靈兒無處刮劃，空教人雨淚盈腮。」

《李逵負荊》四【駐馬聽】：「怎擘劃，但得箇完全屍首，便是十分采。」

《貨郎旦》四【三轉】：「拋著他渾家不睬，只教那媒人往來，閒家擘劃。」

《獨角牛》二【紫花兒序】：「你看我倒蹬兒智廝瞞，由咱擺劃。」

《爭報恩》二【鬪鵪鶉】：「這公事怎刮劃？」

《元曲選》音釋：「刮音擺；劃，胡乖切。」刮劃，或作佈劃、擘劃、擺劃，音近義同，謂安排、擺布、籌劃、處理。《淮南子・要略》：「擘畫人事之終始者也。」高誘注：「擘，分也。」蘇軾《上神宗皇帝書》：「凡所擘畫利害，不問何人。」《朱子全書・學》：「今又就上面更起意思，擘畫分疏，費力愈多。」清・黃宗羲《周雲淵先生傳》：「述學（周雲淵）在南北兵間，多所擘畫。」按「擘畫」，猶「刮劃」也。

（二）

《董西廂》卷六【雙調・芰荷香】：「忒孤窮，要一文錢物，也擘劃不動。」

《兒女團圓》二【黃鍾尾】：「我這裏把這恩養錢，我可也便刮劃。」

此「擘劃」（刮劃）意為籌措。《古今小說・張古老種瓜娶文女》：「不知這大伯如今那裏擘劃將來」，亦其例也。

（三）

《西廂記》四本一折【後庭花】：「憂愁因間隔，相思無擺劃，謝芳卿不見責。」

《衣襖車》四【尾聲】：「殺的那史牙恰無刮劃。」

王季思注《西廂記》曰：「擺劃，即劈劃，北音劈讀如擺也。」吳曉鈴注《西廂記》：「擺劃：辦法。」說均是。《水滸》第二十回：「兄長不必憂心，小生自有擺劃。」亦其例。

（四）

《賺蒯通》一【混江龍】：「我也曾劈劃著黃公略法，醞釀著呂望韜書。」

劈劃，揣摩之意。《國策・秦策》：「（秦）乃夜發書，陳篋數十，得太公《陰符》之謀，伏而誦之，簡練以為揣摩。」與此劇劇文合看，可證。

（五）

《東窗事犯》四【後庭花】：「想秦檜無百劃，送微臣大理寺問罪責。」

《謝金吾》一【青哥兒】：「那廝拆壞了咱家咱家第宅，倒把著大言大言圖賴，教我便有口渾身也怎劈劃？」

上例，謂分辯。「無百劃」，不容分辯之意。杜牧《寄內兄和州崔員外十二韻》：「光塵能混合，擘畫最分明。」音義同。

白

白：一謂徒然、無端、平白無故；二謂揭穿；三猶「平」，易也；四謂告語；五謂賓白。

（一）

《伍員吹簫》一【油葫蘆】：「也枉了俺竭忠貞輔一人，掃烽煙定八方，倒不如他無仁無義無謙讓，白落的父子擅朝綱。」

《硃砂擔》四【太平令】：「你這個潑賊，就裏落可便下的，白佔了俺家緣家計。」

《合同文字》四【喬牌兒】：「外人行白打了猶當罪，可不俺關親人絕分義？」

《九世同居》二【紅芍藥】白：「我倒好笑，拏著細絲銀子兒，鞍馬衣服，白與了別人去了。」

《董西廂》卷五【黃鍾宮·降黃龍袞纏令】：「料來想必定是些兒閑氣，白瘦得箇清秀臉兒不戲。」

以上各「白」字，謂徒然、無端、平白無故。李白《越女詞》：「相看月未墜，白地斷肝腸。」「白地」云云，即「平白地」的意思。是唐代已有之。《紅樓夢》第六十一回：「如今有臟證的白放了，又去找誰？誰還肯認？」亦其例。

（二）

《哭存孝》二【採茶歌】白：「我和孩兒兩個見你阿媽，白那兩個醜生的謊去來。」

《三戰呂布》三、白：「小校，將著衣袍鎧甲，收的牢者，元帥府裏白那廝箇謊去。」

《桃花女》楔【仙呂端正好】白：「我周公在卦舖裏面，你自喚他出來，白他謊，討他銀子去。」

以上各「白」字，謂揭穿；白謊，即戳穿謊言。

（三）

《西廂記》四本三折【四邊靜】白：「小生這一去，白奪一箇狀元。」

脈望館鈔校本《曲江池》二【七煞】：「他那陷人坑埋伏的深，迷魂陣擺布的圓，他響玎璫放幾隻連珠箭，他白奪鐵鷂三千引，贏（贏）得青蚨十萬錢。」

白，猶「平」，「白奪」即「平奪」，極言取之容易，不費力氣。

（四）

《雍熙樂府》卷十九【小桃紅・西廂百詠】四：「使賤妾稟白。」

白，謂告語，明・張自烈《正字通》云：「下告上曰稟白，同輩述事陳義亦曰白。」屈原《九章・惜誦》：「情沈抑面不達兮，又蔽而莫之白也。」漢樂府《孔雀東南飛》：「便可白公姥，及時相遣歸。」又：「阿母白媒人」，等等，證明「白」作爲告語，上古已然。

（五）

《西廂記》一本二折：「〔夫人上，白：〕……道與紅娘，傳著我的
言語去問長老：幾時好與老相公做好事？」

「白」謂說白，也叫賓白，以別於曲文而言。明・徐渭《南詞敍錄》：「唱爲主，白爲賓，故曰賓白。」明・單宇《菊坡叢話》：「北曲中有全賓、全白。兩人對說曰『賓』，一人自說曰『白』。」清・毛西河《西河詞話》：「元曲唱者衹一人。若他雜色人，第有白而無唱，謂之『賓白』；賓與主對，以說白在賓，而唱者自有主也。」按「白」包括「對白」、「獨白」、「旁白」、「帶白」。「白」與「曲文」的份量搭配要適當。明・王驥德曰：「大要多則取厭，少則不達，蘇長公有言：『行乎其所當行，止乎其所不得不止。』則作白之法也。」（見《曲律》卷三）清・李調元曰：「曲白不欲多。惟雜劇以四折寫傳奇故事，其白有累千言者。觀《西廂》二十一折，則白少可見。」（見《劇話》卷上）

「白」字的解釋，除上述外，還有：《張協狀元》戲文：「十八般武藝都不會，只會白廝打。」「白廝打」，謂徒手相持也。清・周亮工《閩小記》云：「武藝十八，終以白打，以白打爲終，明乎其不持寸鐵也。」清・蔣士銓《四絃秋》一齣：「再不要白殷勤，假親熱。」「白」與「假」互文見義，則「白」

猶「假」也。明人小說《金瓶梅》：「叫了半日，白不答應。」此「白」，猶「竟」。今北京話中「白」字用法也很多，不勝列舉。

白甚

白甚麼

《董西廂》卷一【仙呂調・醉落魄纏令】：「這世爲人，白甚不歡洽？」

又同書同卷【大石調・鵲山溪】：「適來佳麗，是崔相國的女孩兒，十六七，小子喚鶯鶯，白甚觀音像？」

又同書卷三【中呂令・棹孤舟纏令】：「白甚鋪謀退群賊，到今日方知是枉也囉！」

又同書卷六【仙呂調・尾】：「一雙兒心意兩相投，夫人白甚閑疙皴？」

《太平樂府》卷六朱庭玉散套【袄神急・貧樂】：「堪嘆人生同物類何異？幻軀白甚苦驅馳！」

又同書卷九朱庭玉【哨遍・傷春】：「是他司馬不傷春，白甚自家如此？」

又同書卷九睢景臣散套【哨遍・高祖還鄉】：「只道劉三誰肯把你揪捽住，白甚麼改了姓，更了名，喚做漢高祖？」

《詞林摘艷》卷一劉庭信小令【寨兒令・戒漂蕩】：「他咱行無意留心，咱他行白甚情深？」

白甚，說什麼、爲什麼之意。「白甚麼」，意同。

白身

《追韓信》一【幺】：「你道我白身無靠何時了，可不說青霄有路終須到。」

《剪髮待賓》四【川撥棹】：「我當初住在寒門，我看他拜嚴師，居善鄰，是半世白身。」

《劉弘嫁婢》四【雙調新水令】：「俺孩兒白身裏受朝命。」

白身，謂平民，指出身於寒賤尚未取得功名者。《新唐書・選舉志》：「能通一史者，白身視五經、三傳，有出身及前資官視學究一經；三史皆通者，

獎擢之。」《宋史・婁機傳》：「機曰：『進士非通籍不能及親，汝輩乃以白身得之邪？』」《元典章》：「近來各路行保白身之人申部，中間無不冒濫。」關於職官迴降，《元史・選舉志四》：「無出身不應敘白身人。」於此足見平民在舊時所處的社會地位。

又「白身」也有不做如上解釋的，例如《調風月》三【紫花兒序】：「咱兩個堪爲比並，我爲那包髻白身，你爲那燈火清。」這裏的「白身」，是無功名的引申義，謂沒有效果和不取代價，即指燕燕在愛情上，一無所得、無償的獻身。王季思注云：「白身，指良民，它是與當時許多淪沒爲奴婢的賤民對稱的。」（見《玉輪軒曲論》頁一一三）從上下文看，費解。

白破

敗破

《薦福碑》二【呆骨朵】白：「他恐怕久後白破他這事，故意著哥哥來殺壞小生。」

《救孝子》四【喬牌兒】：「若不是李押獄白破你張千謊，待教俺孩兒將人命償。」

《伍員吹簫》一【村裏迓鼓】：「若不是芊（半）建來說就裏，白破了這廝謊，險些兒被賺入天羅地網。」

《昊天塔》二【鬪鵪鶉】白：「我們二十四個指揮使，都是一般的兄弟，怎麼偏心，只與他們計議，獨獨著我迴避，我再過去，白破了哥哥咱。」

《敬德不伏老》三【絡絲娘】：「只被你敗破了我的謊也，軍師的世勣。」

明・王衡《郁輪袍》一【那吒令】白：若朗朗的白破，他面上不好看。」

白破，一作敗破，謂說破、揭穿。「敗」、「白」，雙聲假借。

白賴

白廝賴

《救風塵》四【喬牌兒】：「你一心淫濫無是處，要將人白賴取。」

《楚昭公》二、詩云：「人有好的我偏害，人有歹的我倒愛，我的分毫不與人，人的我會白廝賴。」

《倩梅香》四、詩云：「我做媒婆古怪，人人說我嘴快，窮的我說他有錢，醜女我說他嬌態，講財禮兩下欺瞞，落花紅我則憑白賴。」

強取於人或死不認賬，叫做「白賴」或「白廝賴」。章太炎《新方言·釋言》：「《方言》：『賴，取也。』《莊子·讓王》云：『其於富貴也，苟可得已，則必不賴。』《方言》又曰：『予、賴，讎也。』則取予皆得賴名。郭璞曰：『賴亦惡名。』今人謂以惡索取為賴。」《清平山堂話本·錯認屍》：「你若白賴不與我，我就去本府首告。」

白鄧鄧

《玉鏡臺》四【水仙子】：「這一個眼灌的白鄧鄧，那一個臉抹的黑突突。」

《灰闌記》一【後庭花】：「為甚的黃甘甘改了面上，白鄧鄧丟了眼光？」

白鄧鄧，形容翻白眼的樣子。鄧鄧，係「瞪瞪」的借音。

白刺擦

《太平樂府》卷六朱庭玉散套【襖神急·雪景】：望長林白刺擦。

白刺擦，白貌。刺擦，語助詞，同「刺叉」、「臘擦」；可參見「花臘擦」條。

白頭蹀跰

白頭疊雪

《西遊記》三本十一齣【大石調六國朝】：「白頭蹀跰，似紅日西斜。」

《謝金吾》一【村裏迓鼓】白：「我是王樞密的女婿，那裏看的你個白頭疊雪的在眼兒裏。」

白頭蹀跰（躞），形容老年人頭白體弱的樣子。「蹀躞（dié xiè）」，小步行走貌。一作「疊雪」，同音假借。

百葉

《還牢末》四【二煞】：「少不得將你心肝百葉做七事家分開。」

百葉，言其多也。牛、羊之胃，其狀多襞積（摺疊），故名。《儀禮·既夕禮》注：「脾析，百葉也。」疏：「此用少牢無牛，當是羊百葉。」《說文》：「膍，牛百葉也。」鍇注：「百葉，牛肚也。」《廣雅》：「百葉謂之膍胵。」《莊子》：「臘者之膍胵（pí chí）。」司馬彪注：「膍，牛百葉也。」曲文「心肝百葉做七事家分開」，比喻做惡者不得好報，把身體割裂，七零八落。

百戲

> 《襄陽會》一、白：「我又沒用，他又不濟。我打的筋斗，他調的百戲。」
>
> 《隔江鬥智》二、詩云：「我做將軍慣對壘，又調百戲又調鬼。」
>
> 《馮玉蘭》四、詩云：「接了使客轉回來，閑向官廳調百戲。」
>
> 《詞林摘艷》卷五無名氏【七弟兄·元宵】：「一壁廂舞著、唱著共彈著，驚人的這百戲其實妙。」

百戲，古散樂，今謂之雜技，如扛鼎、尋橦、吞刀、履火之類是也。《後漢書·安帝紀》：「乙酉，罷魚龍曼延百戲。」魏·傅玄《馬鈞傳》：「其後有上百戲者，能設而不能動也。」唐·劉晏《詠王大娘戴竿》詩：「樓前百戲競爭新，唯有長竿妙入神。」唐·張九齡《奉和上元酺宴應詔》：「百戲騁魚龍，千門壯宮殿。」宋·高承《事物紀原·博奕嬉戲部·百戲》：「《漢元帝纂要》曰：『百戲起於秦漢曼衍之戲，後乃有高絙、吞刀、履火、尋橦等也。』百戲之源遠流長，於此可見；現代曲藝中，還保存有這種技藝。

百枝枝

> 《貨郎旦》四《四轉》：「那婆娘舌剌剌挑茶斡剌，百枝枝花兒葉子，望空裏揣與他箇罪名兒。」（此詞亦見于《詞林摘艷》卷六。）

百枝枝，形容樹木杈枒紛出之狀，這裏比喻事情節外生枝。清·洪昇《長生殿·彈詞》：「弛了朝綱，占了情場，百支支寫不了風流帳。」「百支支」，則為狀多言之詞。

拜門

> 《虎頭牌》二【大拜門】：「我也曾吹彈那管絃，快活了萬千，可便是大拜門撒敦家的筵宴。」（亦見于《詞林摘艷》卷五）

《隔江鬥智》三、白：「前日又請俺哥哥嫂嫂拜門去了。」

又同劇四、白：「因周瑜要取荊州之地，請玄德公拜門，不肯放過江來。」

《詞林摘艷》卷一劉庭信【寨兒令・戒漂蕩】：「精屄眼打響鐵，披蘆藤把狗兒牽者，大拜門將風月擔兒賒。」

舊俗，在結婚後，新人到女家登門拜望，謂之「拜門」。明・徐光《暖姝由筆》：「今人娶婦之明日，壻率妻具禮，同至妻家拜禮，名拜門，亦曰回門，又名轉馬。若有鄉地遠者，或壻獨行有之，或擇別日有之。《春秋》宣王五年，齊高固及子叔姬來。傳曰：此以高固偕來反馬非禮，蓋轉馬即反馬也。」宋・孟元老《東京夢華錄》卷五《娶婦》條：「壻往參婦家，謂之『拜門』。有力能趣辦，次日即往，謂之『復面拜門』，不然，三日七日皆可。」宋・吳自牧《夢粱錄》卷二十「嫁娶」條：「兩新人于三日或七朝九日，往女家行拜門禮。」金人風俗，男女自由結合，生了孩子，兩人才帶著茶食酒物到女家行禮回拜，也叫做拜門。按：此俗，今各地仍行此禮，名「回門」，即「拜門」也。

拜斗

《爭報恩》四【喬牌兒】白：「我說你是個好人麼！自從你下在牢裏，我替你拜斗，直到如今。你饒了俺，我買餅好肉鮓，裝一卓素酒，請你吃。」

舊時迷信的乞福儀式；向北斗星禮拜求福，謂之「拜斗」。蘇軾《志林》：「紹聖二年五月望日，請羅浮道士鄧守安，拜奠北斗眞君。」後來道士常以舊曆九月一日至九日為拜斗之期。「拜斗」又稱「禮斗」，唐・馬戴《贈道者》詩：「往往龍潭上，焚香禮斗星。」

拜家堂

拜堂

拜家堂：一指新婚夫妻拜天地；二指拜祖宗。

（一）

《竇娥冤》一【後庭花】：「避凶神要擇好日頭，拜家堂要將香火修。」

同劇一【賺煞】白：「你不要錯過了好時辰，我和你早些兒拜堂罷！」

舊俗結婚，新夫婦於宅堂前行跪拜之禮，謂之「拜家堂」或「拜堂」。《清平山堂話本・快嘴李翠蓮記》：「也不管他下轎，也不管他拜堂。」清・翟灝《通俗編・儀節》：「兩新人宅堂參拜，謂之拜堂，唐人有此言也。唐・王建《失釵怨》：『雙杯行酒六親喜，我家新婦宜拜堂。』」是知唐宋已有此風。清・趙翼《陔餘叢考・拜堂》則稱：「新婚之三日，婦見舅姑，俗名拜堂。按唐・封演《封氏聞見記》：近代婚嫁，有障車、下壻、卻扇及拜堂之儀，今上詔有司約古禮、今儀。太子少師顏真卿、中書舍人于邵等奏，障車、下壻、卻扇，並請依古禮，見舅姑於堂上，薦棗栗腶脩，無拜堂之儀。今上謂德宗也。是拜堂之名，由來已久，但真卿等所定，棗栗腶脩見舅姑，即今俗所謂拜堂也，乃又云無拜堂之儀，豈唐時所謂拜堂者，別是一禮耶？」按此說，雖也認為拜堂之名始於唐，但對拜堂的解釋，不合於曲，仍應以前說為準，姑引之以備一說。

（二）

《桃花女》三、白：「今日清蚤起來先拜過了家堂，亂別了父親，……隨即到隔壁別了石婆婆。」

此謂拜祖宗祠堂，即拜祖宗。宋話本《快嘴李翠蓮記》：「員外道：我兒，家堂並祖宗面前，可去拜一拜，作別一聲。」亦其例。

敗缺

《范張雞黍》二【梁州第七】：「紀綱敗缺，炎炎的漢火看看滅。」

《詞林摘艷》卷八宮大用散套【一枝花・天不生仲尼】：「紀綱都敗缺，炎炎的漢火看看滅。」（亦見於《盛世新聲》。）

敗缺，謂敗壞；有時也用來指禮物、賄賂，如《水滸》第二十四回：「那廝會討縣裏人便宜，且教他來老娘手裏納些敗缺」，是也。

敗脫

敗露

《竇娥冤》四【川撥棹】白：「久後敗露，必然連累。」

《賺蒯通》三【鬼三台】：「夜深也咱獨坐，誰想道人瞧破。呀！早將我這伴狂敗脫。」

隱情被發覺曰「敗露」或「敗脫」。《金史·選舉志一》：「文士有偶中魁選，不問操履，而輒受翰苑之職。如趙承元，朕聞其無士行，果敗露。」

敗興

《黑旋風》一【笑和尚】：「倘倘倘若是到泰安州敗了興，敢敢敢指梁山誓不回程。」

《青衫淚》一【金盞兒】白：「白侍郎要住下，著這二位催逼的慌，好生敗興！」

敗興，謂敗壞興致，猶掃興。宋·釋惠洪《冷齋夜話》記載：宋·謝逸嘗問潘大臨有新詩否？答曰：昨日得「滿城風雨近重陽」句，忽催租人至，遂敗興，止此奉寄。後相承曰「催租敗興。」或作「敗意」。《晉書·王戎傳》：「戎每與籍為竹林之遊，戎嘗後至。籍曰：『俗物已復來敗人意。』戎笑曰：『卿輩意亦復易敗耳。』」

班首

班頭

《西廂記》一本四折【喬牌兒】：「大師年紀老，法座上也凝眺；舉名的班首真呆儌，覷著法聰頭做金磬敲。」

同劇四本二折【麻郎兒】：「秀才是文章魁首，姐姐是仕女班頭。」

《救風塵》二【金菊香】：「他本是薄倖的班頭，還說道有恩愛結綢繆。」

《望江亭》二、白：「端的是佳人領袖，美女班頭。」

《漢宮秋》二【哭皇天】：「您只會文武班頭，山呼萬歲，舞蹈揚塵，道那聲誠惶頓首。」

《百花亭》二【滿庭芳】：「我是個錦陣花營郎君帥首，歌臺舞榭子弟班頭。」

班首，或稱班頭，義同；即一班之首，第一個之義。古代，臣子朝見皇帝時，按照他們的職務分為若干班，如宰執班、御史班、供奉班等，各人分

別立在自己的班列裏，各班的第一人就是班首（班頭）。後引申爲各行各業的第一人也叫做班首。《元典章・禮部一・記朝貢》：「凡遇進賀行禮，若令守土官爲班首，於禮相應。」又同書《記迎送》：「司徒捧表，跪授班首。」明・鄭曉《今言》第二二九條：「洪武辛亥，禮官崔亮定外官慶賀禮，以武臣爲班首。」

班部

《介子推》一【混江龍】：「我與你出班部，上瑤階。」

《飛刀對箭》四、白：「你且在那班部叢中有者！」

《延安府》二、白：「如有班部監司，不才官吏，一筆勾消，永不敍用。」

班部，猶班列，位次之意。《宣和遺事》亨集：「言未絕，見一人出離班部，倒笏躬身。」《水滸》第一回：「只見班部叢中，宰相趙哲、參政文彥博出班奏道」。皆屬其例。又作斑部，如《清平山堂話本・張子房慕道記》：「奏事以畢・斑部中轉過一人。」按「斑」爲「班」字之訛。

搬弄

般弄

搬弄：一爲挑撥；二爲扮演。

（一）

《漢宮秋》三【鴛鴦煞】白：「我想來人也死了，枉與漢朝結下這般讎隙，都是毛延壽那廝搬弄出來的。」

《西廂記》二本四折【小桃紅】：「玉容深鎖繡幃中，怕有人搬弄。」

《伍員吹簫》一、白：「他在平公面前，搬弄我許多的是非。」

《殺狗勸夫》一、白：「被這兩個光棍搬弄，連祖宗在地下也是不安的。」

《村樂堂》四【殿前歡】：「兩箇人相般弄。」

搬弄，猶播弄，謂播弄是非，以進行挑撥也。「般弄」之「般」，應作「搬」，訛爲「般」。

（二）

《趙氏孤兒》二【菩薩梁州】：「向這傀儡棚中，鼓笛搬弄。」

《昊天塔》一【仙呂點絳唇】：「傀儡棚中，鼓笛聲送，相搬弄。」

此「搬弄」，猶言「扮演」。鼓笛是宋元時傀儡戲伴奏的樂器。

搬逗

《㑳梅香》一【天下樂】白：「老夫人著你伴我讀書，你倒搬逗我廢學。」

搬逗，謂挑撥，或作「搬鬮」。例如：戲文佚曲《王祥臥冰》：「況你娘日夜挑唆，搬鬮得我家不和。」《詞林摘艷》卷四唐以初散套【點絳唇·美麗】：「弄春情漏洩的秋波送，秋波送搬鬮的春山縱。」《今古奇觀·劉元普雙生貴子》：「顛倒在老子面前搬鬮。」二刻《拍案驚奇》四：「族人各有私厚薄，也有爲著哥子的，也有爲著兄弟的，沒個定論，未免兩下搬鬮，構出訟事。」皆其例。「逗」、「鬮」同音通用。

搬唆

《哭存孝》一【尾聲】白：「喀搬唆阿媽殺了存孝，方稱我平生之願也。」

《柳毅傳書》楔、白：「我今到父王面前，搬唆幾句言語，撚他去了，卻不好哩！」

《賺蒯通》三【鬼三台】：「你你你休則管掀揚也波搬唆。」

搬唆，謂挑撥、唆使。《清平山堂話本·快嘴李翠蓮記》：「公婆利害猶自可，怎當姆姆與姑姑？我若略略開得口，便去搬唆與舅姑。」

搬遞

《鐵拐李》三【梅花酒】：「不爭我去的遲，被那家使心力，使心力廝搬遞，廝搬遞賣東西。

《兒女團圓》三【柳葉兒】白：「你撒了手，不似你這個兩頭白面、搬唇遞舌的歹弟子孩兒。」

《詞林摘艷》卷二【雙調步步嬌‧暗想當年】:「平白的送暖偷寒，
猛可里搬唇遞舌。」

搬遞，猶言口舌挑撥。又作搬喋（dié），明‧徐仲山《殺狗記》十五:「信
他人搬喋是非。」「遞」、「喋」雙聲通用。

又搬、遞同義，故可拆開用，如二、三例是。

搬調

般調　搬挑　般挑

《竇娥冤》二【隔尾】:「這廝搬調咱老母收留你，自藥死親爺待要
諕嚇誰？」

《七里灘》三【脫布衫】:「則爲你般調人兩字功名，軀榮人半世浮
生。」

《剪髮待賓》二【倘秀才】:「你分明是般調人家小樣兒。」

《博望燒屯》二【隔尾】白:「二哥，你則道波，自從請下這村夫，
搬調得俺弟兄每一頭放水，一頭放火。二哥你休去，等我去。」

《賺蒯通》四【駐馬聽】白:「蒯文通，韓信說是你搬調他來，你正
是個通同謀反的人。」

《太平樂府》卷三徐甜齋【柳營曲‧春情】:「小玉會搬挑。」

又同書卷八無名氏散套【一枝花‧惜春】:「鶯語般挑斷送得風光好。」

搬調，謂投弄、調唆。或作般調、搬挑、般挑。

搬唱

《遇上皇》一【寄生草】:「搽灰抹粉學搬唱。」

搬唱，謂扮演、歌唱。

板大

版築

《追韓信》三【十二月】:「伊尹曾耕於有莘，子牙曾守定絲綸，傅
說在岩前板大，夫子在陳蔡清貧。」

《太平樂府》卷六曾瑞卿散套【正宮端正好・自序】：「時不遇版築爲活，時不遇荆南落魄，時不遇蹓垣而躱，時不遇在陳忍餓。」

板大，猶板築。我國古代農村裏，用泥土築牆，建築時兩邊用木板夾好板框，在中間塡泥土，夯砸磁實，叫做「板築」。《孟子・告子下》：「傅說舉於板築之間。」《史記・黥布傳》：「項王伐齊，身負板築，以爲士卒先。」集解：「李奇曰：『板，牆板也；築，杵也。』」

板闒

板搭　板答　板踏

《魔合羅》一【後庭花】：「俺家裏有一遭新板闒，住兩間高瓦屋。」

《元人小令集》周文質《失題》五首之四：「鋪下板踏，蘿蔔兩把，鹽醬蘸稍瓜。」

《存孝打虎》三、白：「若還沒甲，披上兩葉板闒。」

《神奴兒》楔【仙呂賞花時】白：「你知道我那住處麼？下的州橋往南去，紅油板搭高槐樹，那個便是我家裏。」

《爭報恩》三、白：「上了板搭，關了門户，打掃街道，看時辰到了，就好下手。」

《詞林摘艷》卷十無名氏【鬬鵪鶉・萬國來朝】：「彊板答直定腰，節節高五猿爭巢。」

板搭，謂門板；又作板答、板闒、板踏。《元曲選》音釋：「闒，音塔。」

板障

板賬

《金線池》一、白：「我一心要嫁他，他一心要娶我；則被俺娘板障，不肯許這門親事。」

《玉壺春》三、白：「有大行首李素蘭，與李玉壺作伴，有他母親板障，剪了頭髮，不出來官身。」

《灰闌記》楔、白：「我要娶他，這不消説了；他也常常許道要嫁我。被他母親百般板障，只是不肯通口。

又同劇一【混江龍】：「伴著個有疼熱的夫主，更送著個會板障的親娘。」

《百花亭》二、白：「誰想俺那虔婆不仁，板障了王郎，將我嫁與高常彬。」

《元人小令集》貫雲石《代人作二首》二：「這些時陡恁的恩情儉，推道是板脹柳青嚴，統鏝姨夫欠。」（《太平樂府》收此曲作「板障」。）

板障，即屏風，用來比喻阻撓、障礙。宋・王讜《唐語林》卷二「文學」云：「劉禹錫云：……罘罳者，復思也；今之板障屏牆也。」《劉知遠諸宮調》一：「只愁李洪義與洪信生脾鱉，中間做板障。」又同書十一：「手中握定花桑棒，變作通天板障。」皆其例。

障，一作脹，同音假借。

板僵

板殭

《裴度還帶》二【採茶歌】白：「明日巳時前後，你在那亂磚瓦之下板僵身死。」

《桃花女》楔、白：「這卦中該今夜三更前後，三尺土底下板殭身死也。」

《西遊記》二本六齣【梅花酒】：「我立著看筵席，兩隻腿板僵直。」

板僵，謂肢體僵直如板。僵，一作殭，同字異體。

辦道

扮道　辨道

《冤家債主》楔、白：「平日儘肯看經念佛，修行辦道。」

《城南柳》二【滾繡毬】白：「你兩個年紀小小的，則管裏被這酒色財氣迷著，不肯修行辦道，還要等甚麼？」

《馬陵道》楔、白：「在這雲夢山、水簾洞，扮道修行。」

《翫江亭》三、白：「出家扮道最稀奇。」

《詞林摘艷》卷三王了一散套【粉蝶兒・山勢崔巍】：「有一箇能修行辨道鍾離。」

辦道，即學道。又作扮道、辨道。「扮」字同音借用。「辨」以形近而誤。

半弓

《張生煮海》一【油葫蘆】：「袖兒籠，指十蔥，裙兒簌，鞋半弓。」

弓，指弓鞋，即舊時纏足婦女所穿的鞋，半弓，喻其小。

半州

《緋衣夢》一、白：「因有幾文錢，人順口都叫我做半州王員外。」

《看錢奴》三、白：「一生衣飯不曾愁，贏得人稱賈半州。」

《任風子》一、白：「錢財過萬倍之餘，田宅有半州之盛。」

半州，誇耀財富之豐，有一州之半。元・陶宗儀《輟耕曲錄・哨遍套》：「有心待拜五侯，教人喚甚半州？」這是說有志為官，不屑當財主。

半米

半米兒

《還牢末》二【中呂普天樂】：「那婆娘銜一味嫉妬心，無半米著疼熱。」

《誶范叔》二【梁州第七】：「幾曾霑一絲兒賞賜，壯半米兒行裝。」

《紅梨花》二【梁州第七】：「想才郎沒半米兒塵俗性。」

《兩世姻緣》四【沉醉東風】：「俺那老虔婆見錢多賣，一札腳王侯宰相宅，誰敢道半米兒山河易改。」

米，狀極細小之物；半米，或作半米兒，意謂半點兒，極言其少。《水滸》第六十二回：「但有半米兒差錯，兵臨城下，將至濠邊，無賢無愚，無老無幼，打破城池，盡皆斬首。」亦其例。

半拆

半折　半札　半扎

《西廂記》四本一折【元和令】：「繡鞋兒剛半拆，柳腰兒勾一搦，羞答答不肯把頭擡，只將駕枕捱。」

《金安壽》一【上馬嬌】：「羅裙輕拂湘紋動，儂半札鳳頭弓。」

《陽春白雪》前集後四無名氏【醉中天】：「底樣兒分明印在沙，半折些娘大。」

《樂府群珠》卷一張小山小令【齊天樂過紅衫兒‧湖上書所見】：「六幅湘裙，半拆羅襪。」

《詞林摘艷》卷四誠齋散套【點絳唇‧風情】：「繡鞋兒剛半札。」

《雍熙樂府》卷四散套【點絳唇‧贈麗人】：「繡鞋兒剛半拆。」

又同書卷六散套【粉蝶兒‧題美人腳小】：「窄弓弓藕芽兒剛半拆。」

又同書卷五散套【點絳唇‧思憶】：「半扎金蓮小。」

《明史‧河渠志三》：「淺船用水，不得過六搩，伸大指與食指相距為一搩。」「一搩」即「一扠」，今北語仍以大拇指與二指之間的長度呼作「一扠」。明‧董穀《碧里雜存》卷上論尺曰：「蓋用手拇指與中指二叉相距，謂之一尺。」按「兩扠」一尺，則「半扠」不足三寸，極言婦女之腳小，做為婦女美的標準之一。例中拆、折、札、扎，均為「扠」的借用字，讀如「扠（zhǎ）」。惟「折」當為「拆」字之訛，正如王季思注《西廂記》所說「拆字韻，俗本多作折，誤。」

按「半折」，宋金作品中已屢見，如《京本通俗小說‧碾玉觀音上》：「蓮步半折小弓弓。」《宣和遺事》亨集：「鳳鞋半折小弓弓。」《董西廂》卷一：「穿對兒曲彎彎的半折來大弓鞋。」

半垓

《燕青博魚》楔、白：「眾兄弟就推某為首，聚三十六大夥，七十二小夥，半垓來的小僂儸。」

《李逵負荊》一、白：「某聚三十六大夥，七十二小夥，半垓來的小僂儸，威鎮山東，令行河北。」

《降桑椹》三、白：「半垓劣缺擗摋漢。」

垓（gāi 該），數名，萬萬為垓；半垓，即五千萬。一般是用來形容極多的意思。漢‧應劭《風俗通》云：「十兆謂之經，十經謂之垓。」

半星

半星兒

《竇娥冤》三【耍孩兒】：「我不要半星熱血紅塵灑，都只在八尺旗鎗素練懸。」

《詞林摘艷》卷一劉庭信小令【寨兒令‧戒漂蕩】：「達達搜沒半星，呂呂翅赤零丁。」

《瀟湘雨》二【牧羊關】：「我和他離別了三年，我怎肯半星兒失志？」

《李逵負荊》一【金盞兒】：「但半星兒虛謬，惱翻我，怎干休！」

《倩女離魂》二【拙魯速】：「休想我半星兒意差，一分兒抹搭。」

半星（兒），半點兒之意。據《竇娥冤》三、白：「一腔熱血休半點兒沾在地下」，與上例一曲文相較，知「半星」即「半點兒」，極少之謂。

半晌

《三奪槊》一【醉扶歸】：「則他家自賣弄伶俐半晌。」

又同劇二【賀新郎】：「見齊王、元吉都來到，半晌不迭手腳，我強強地曲脊低腰。」

《殺狗勸夫》二【脫布衫】：「我這裏低著頭沉吟了半晌。」

《小張屠》四【雁兒落】：「聽說罷諕了魂，說得我半晌如癡爭。」

半晌，良久之意。《董西廂》卷一「執磬的頭陀呆了半晌」，意同。或作「半餉」，如《清平山堂話本‧洛陽三怪記》：「急忙救起，半餉重甦。」或作「半響」，如明‧陳與郊《昭君出塞‧金瓏璁》：「倚簾聽半響。」按「餉」、「響」，均屬音近誤用。

半掐

纖掐

《梧桐雨》三【步步嬌】：「就勢兒把吾當諕，國家又不曾虧你半掐。」

《揚州夢》三【南呂一枝花】：「覓包彈無半掐，更那堪百事聰明，模樣兒十分喜恰。」

《太平樂府》卷三無名氏【一錠銀帶大德樂‧詠時貴】：「居民百姓誇，私心無半掐。」

《金錢記》一【金盞兒】：「這嬌娃是誰家，尋包彈，覓破綻，敢則無纖掐。」

「揢」或「揢兒」，這裏用作量詞，是指拇指和另一手指尖相對握著的數量，如云一揢兒韮菜。半揢，是一揢的一半，即「一丁點兒」的意思，極言其少。或作「纖揢」，亦是細微之喻。或作「半恰」，如《董西廂》卷四：「咱供養不曾虧了半恰。」又同書卷五：「自來不曾虧伊半恰。」「恰」為「揢」的同音借用字。

半停

《金鳳釵》四、白：「有人送來的銀，半停把紅銅攙上。」

半停，猶言半成。停，指成數，總數分成幾分之謂，其中一分叫一停，即一成。

半槽

《李逵負荊》三【醋葫蘆】：「這老兒外名喚做半槽，就裏帶著一杓。」

半槽，意為醉鬼，形容酒量大，能喝半槽酒。童伯章注云：「半槽、一杓，謂飲酒之多少，意皆言酒醉而糊塗也。」唐‧李賀《將進酒》詩：「小槽酒滴珍珠紅。」

半器

《裴度還帶》一【天下樂】白：「你不成半器，不肯尋些買賣營生做，你每日則是讀書。」

《遇上皇》一、白：「那廝不成半器，好酒貪杯，不理家當。」

《冤家債主》一、白：「老夫不知造下什麼孽來，輪到這小的箇孩兒，每日則是吃酒賭錢，不成半分兒器。」

器，指才能。半器，即「不成半分兒器」之省語，極不成材之喻。《禮‧學記》：「玉不琢，不成器。」今謂人氣質凡庸，不能有所成就的曰不成器；「不成半器」，是說非常不成器。如《金瓶梅》十四回：「見俺這個兒不成器」，是也。

半壁

半壁兒

《董西廂》卷三【仙呂調‧醍醐香山會】：「歪著頭避著，通紅了面皮，筵席上軟攤了半壁。」

《合汗衫》三【幺篇】白：「原來是我那孩兒臨去時，留下的那半壁汗衫兒。」

《兒女團圓》二【梁州第七】白：「嗨！這老的也缺著半壁兒哩！」

《來生債》四【得勝令】白：「一個石洞門開著半壁兒，掩著半壁兒。」

半壁（兒），謂半邊。漢・班固《白虎通・文質》：「璜者半壁，位在北方。」梁・庾信《寒園寄目》詩：「游仙半壁畫，隱士一床書。」唐・李白《夢遊天姥吟留別》詩：「半壁見海日，空中聞天雞。」宋・許月卿《天柱峰》詩：「卻憐千尺擎天柱，不掛東南半壁天。」皆其例。

半鑑

《東堂老》一【混江龍】白：「俺們都是讀半鑑書的秀才，不比那夥光棍。」

《又同劇》一【天下樂】白：「叔叔，這兩個人你休看得他輕，可都是讀半鑑書的。」

鑑，指《通鑑節要》。元代國子學用蒙古語翻譯的《通鑑節要》作為教科書，教習蒙、漢生員（見《續通志・選舉略・四》及《元史・選舉志》）。半鑑，半部之意，意謂國家規定的教科書，僅讀完一半，是打揮取笑的話，意含諷刺。一說：半鑑，即半監，指國子監藏書之半，誤。

半合兒

《燕青博魚》四【離亭宴歇指煞】：「半合兒歇息在牛王廟，一直的走到梁山泊。」

《曲江池》三【耍孩兒】：「半合兒憎嫌做眼內釘，早把倒宅計安排定。」

《合汗衫》二【青山口】：「多不到半合兒把我來僝僽殺。」

《謝金吾》一【混江龍】：「只聽的鬧垓垓越急的我氣咍咍，腳忙抬，步難捱，半合兒行不出宅門外。」

《詞林摘艷》卷十【鬭鵪鶉・滿長空雲霽天開】：「統貔貅有百萬雄兵布圍場，半合兒屯滿了坡前。」

半合兒，猶云一小會兒、片刻。魯東人有「沒則合兒」之語，意爲沒有一會兒。「沒則」猶《西廂記》中「沒則羅便罷」句之「沒則」，即「沒有」之意。合、會雙聲，秦漢古籍中常通用。

半抄兒

元刊本《公孫汗衫記》三【醉春風】：「誰肯與半抄粗米一根柴？」

元刊《小張屠》一【混江龍】：「常則是半抄兒活計，一合兒餱糧。」

以匙取物曰抄；半抄兒，謂半匙，形容少量之意。《清平山堂話本·快嘴李翠蓮記》：「兩個初煨黃栗子，半抄新炒白芝蔴。」亦其例。

半籌不納

《漢宮秋》一【醉中天】：「若是越勾踐姑蘇臺上見他，那西施半籌也不納，更敢早十年敗國亡家。」

《燕青博魚》一【鴈過南樓】：「往常時我習武藝學兵法，到如今半籌也不納。」

《昊天塔》二【醉春風】：「萬騎交馳，兩軍相見，喒手裏半籌不納。」

籌，古時計算數目的工具；引申爲計策、計謀。半籌不納，謂半點兒計謀也施展不了，即毫無辦法之意。

伴當

伴儅　伴等

伴當，又作伴儅，伴等。其意有二：一曰同伴、伙伴；二曰伙計、奴僕、隨從。

（一）

《調風月》三【鬼三台】：「剗地面皮上笑容生，是一箇不識羞伴等。」

《西廂記》二本二折【二煞】：「夫人只一家，老兄無伴等，爲嫌繁冗尋幽靜。」

《氣英布》二【哭皇天】：「是誰人這般信口胡答應，大古裏是你箇知心好伴等。」

《魔合羅》四【幺篇】：「莫不他同買賣是新伴當？」

伴當，謂同伴、伙伴。明·余繼登《典故紀聞》卷十二：「賣放匠人，名為伴當，辦納月錢。」又作伴等，義同。按「等」，輩也，匹也，見章太炎《新方言·釋言》。按：元劇中以「當」字作語尾詞之例頗多，如問當、覷當。伴當之「當」也是語尾，無義。等、當雙聲通用。

（二）

《西廂記》五本三折【幺篇】白：「姑娘若不肯，著二三十箇伴儅，擡上轎子，到下處脫了衣裳，趕將來還你一箇婆娘。」

《倩女離魂》三、白：「我做伴當實是強，公差幹事多的當。」

《金錢記》一、白：「叫兩個老成伴當伏侍你去。」

《延安府》三、白：「報的大人得知，有李廉使大人的伴當，來請大人說話。」

《爭報恩》楔、白：「兀那廝！甚麼官人娘子？我是夫人，他是我的伴當。」

伴當，又作伴儅，意謂伙計、奴僕、隨從。

伴客

《單刀會》一【尾聲】白：「此人與關公有一面之交，就請司馬先生為伴客。」

又同劇二【滾繡毬】：「我做伴客的少不的和你同病同憂。」

《醉寫赤壁賦》一、白：「小官略排小酌，請眾位相公為伴客。」

伴客，猶云陪客。按：此詞及下文之伴哥、伴當、伴讀、伴姑兒等，均取其陪伴、伴隨之意；隨下一字（客、哥等）之地位高低而定其身份之高下。

伴哥

胖哥

《伍員吹簫》二【梁州第七】白：「有個兄弟，乃是伴哥，在這江岸上耕田。」

又同劇三、白：「我是喚當村裏後生咱！無路子，沙三，伴哥，牛表，牛劰，你每一齊的都來！」

《秋胡戲妻》一【上馬嬌】：「王留他情性狠，伴哥他實是村。」

《薛仁貴》三【雙調豆葉黃】白：「伴哥，喀上墳去來，你也行動些兒波！」

《誤入桃源》三【幺篇】：「眞乃是重色不重賢，度人不度己，使的這牛表、沙三、伴哥、王留，暢叫揚疾。」

《西遊記》二本六齣白：「王留、胖哥，等我一等兒！」

伴哥，又作胖哥，是對鄉村中小兒的泛稱。「伴」、「胖」音近通用。

伴讀

《㑳梅香》二《歸塞北》白：「伴讀，你言之錯矣！豈不聞聘則爲妻，奔則爲妾？」又白：「伴讀，你休說，我決然不肯。」

伴讀，本教官名。宋諸王府南北院皆置伴讀，侍教皇姪皇孫。遼諸王文學館亦有之。《遼史·百官志》：「聖宗太平八年，長沙郡王宗允等，奏選諸王伴讀。」《元史·仁宗紀》：「至大五年，增國子生并陪堂生額，通一經者，以次補伴讀。」《元史·選舉志一》「學校」條：「博士、助教親授句讀、音訓，正、錄、伴讀以次傳習之。講說則依所讀之序，正、錄、伴讀亦以次而傳習之。」富豪之家，亦依例稱陪伴子弟讀書之書童、侍女爲伴讀，如元劇《㑳梅香》等例是。《牡丹亭·延師》：「春香丫頭，向陳師父叩頭，著他伴讀。」《紅樓夢》第二回：「妙在一個女學生，並兩個伴讀丫環。」皆其例也。

伴姑兒

胖姑兒

元刊本《薛仁貴》三：「〔正末扮拔禾上云，叫：〕伴姑兒，你醉了，等我咱。」

《黃鶴樓》二【禾詞】：「〔正末扮禾俫上，云：〕伴姑兒，你等我一等波！」

《西遊記》二本六齣：「〔胖姑兒上，云：〕王留，胖哥，等我等兒！」

伴姑兒，又作胖姑兒，是對農村中女孩的泛稱。「伴」、「胖」音近義同。

邦老

邦

《合汗衫》一【混江龍】：「〔淨邦老扮陳虎上。〕」

《昇仙夢》三：「〔鍾離扮邦老領婁羅上。〕」

《盆兒鬼》一【鵲踏枝】：「〔邦老闖上做搧正末科。〕」

《硃砂擔》一【醉扶歸】：「〔淨扮邦老上。〕」

《金鳳釵》四：「〔邦上，云：〕自家李虎的便是，自從昨日偷了那
十把銀匙筯，將狀元店裏換了九隻金釵。」

　　元曲中稱強盜為「邦老」。清・焦循《劇說》卷一：「邦老之稱，一為
《合汗衫》之陳虎，一為《盆兒鬼》之盆罐趙，一為《硃砂擔》之鐵旛竿白
正：皆殺人賊，皆以淨扮之，然則邦老者，蓋惡人之目也。」胡忌在《宋金
雜劇考》中疑「邦老」或為「幫老」之省文，取其有「那一幫人」的含義。
據元・夏伯和《青樓集》記載，在元曲中還有專門演「邦老家門」的演員。
「邦老」亦簡作「邦」，如《金鳳釵》例是。

幫閒

《東堂老》二【滾繡毬】白：「自從揚州奴賣了房屋，將著那錢鈔，
與那兩個幫閒的兄弟，去月明樓上與宜時景飲酒歡會去了。」

《殺狗勸夫》一【柳葉兒】白：「你信著兩個幫閒的賊，打我這幾
頓。」

《冤家債主》二【么篇】：「只見那兩箇幫閒的花滿頭，這一箇敗家
的面帶酒，你也想著一家兒披麻帶孝為何由？」

　　舊稱受官僚富豪豢養的食客為幫閒。魯迅《集外集拾遺・幫忙文學與幫
閑文學》：「那些會念書會下棋會畫畫的人，陪主人念念書，下下棋，畫幾筆
畫，這叫做幫閑，也就是篾片。」上舉元曲諸例屬之。幫著人家管閒事的人，
也屬於這一類的人。

幫襯

《留鞋記》二、白：「今日一天大事，都在這殿裏，你豈可不幫襯著我。」

幫襯，有協助、贊助、曲成人美之義。《醒世恒言·賣油郎獨占花魁》：「幫者，如鞋子有幫；襯者，如衣之有襯。但凡做小娘的，有一分所長，得人襯貼，就當十分，若有短處，曲意替他遮護，更兼低聲下氣，送暖偷寒，逢其所喜，避其所嫌，以情度情，豈有不愛之理？這叫做『幫襯』。」

幫襯，或作幫寸，如《西遊記》第三十八回：「這個買賣我也去得，果是曉得實實的幫寸，我也與你講個明白。」「寸」為「襯」的同音借用字。

包合（bāo gě）

《賺蒯通》三【紫花序兒】：「穿上這沙魚皮襪子，繫著這白象牙縧兒，提著這總甸子包合。」

包合，謂包裹。「合」讀如「升合」之「合」。合（gě）、裹（guǒ）音近。

包彈

褒（袋）彈　褒談　保談

包彈，意義有二：一謂缺點、毛病、破綻；二謂批評、指責、非議。

（一）

《金鳳釵》二【迎仙客】：「寫染得無褒彈，吟詠的忒風騷。」

《羅李郎》三【幺篇】：「彩畫的紅近著白，青間著紫，無褒彈，無破綻，沒瑕疵。」

《揚州夢》三【南呂一枝花】：「覓包彈無半掐。」

《金錢記》一【金盞兒】：「尋包彈，覓破綻，敢則無纖掐。」

《雍熙樂府》卷十二散套【夜行船·竊歡】：「想嬌妹無半點兒褒談處。」

包彈，用作名詞，常與否定詞「無」、「沒」連用；意指缺點、毛病、破綻。或作褒彈、褒談，音義並同。或倒作彈包、彈剝，如《董西廂》卷二：「或短或長，或肥或瘦，一箇箇精神沒彈包。」同書卷三：「一箇箇精神，俏沒彈剝。」按包、褒（袋）、剝，一音之轉。彈、談，同音字。

（二）

《拜月亭》四【掛玉鉤】：「我特故里説的別，包彈遍。」

《太平樂府》卷五王和卿小令【醉中天】：「俊的是龐兒，俏的是心，
更待保談甚？」

包彈，用作動詞，謂批評、指摘、非議。明·徐渭《南詞敍錄》：「包拯爲
中丞，喜彈劾，故世謂物可議者曰包彈。」宋·王懋《野客叢書》：「包拯爲臺
官，嚴毅不恕，朝列有過，必須彈擊。故言事無瑕曰沒包彈。」但李商隱《雜
纂》卷上「不違時宜」條，有「筵上包彈品味」語，則知「包彈」一詞，不始
於宋包拯，至晚在晚唐已出現了。作褒彈，字面頗與褒貶、臧否之意相合。

包彈，一作保談，音義同。或倒作團剝，如《董西廂》卷一：「放二四不
拘束，儘人團剝。」或作拋彈，如《小孫屠》戲文：「一對鸞鳳共宴樂，恨連
日拋彈這冤家。」或作褒談，如《荊釵記》十二：「送荊釵只愁富室褒談。」
等等。按「保」爲「褒」字的省寫；「拋」與「包」，「團」與「彈」、「談」，
均一音之轉。

包髻

《調風月》四【折桂令】：「他是不曾慣傅粉施朱，包髻不仰不合，
堪畫堪圖。」

《望江亭》三【調笑令】白：「包髻、團衫、繡手巾，都是他受用的。」

《西遊記》四本十三齣【賺煞尾】：「則少箇包髻、團衫。」

《金安壽》三【雙鴈兒】：「團衫纓絡綴珍珠，繡包髻鸂鶒袄。」

包髻，即古代婦女用來兜髻的頭巾。束髮於頂曰髻。元代禮俗，娶妻訂
婚禮品，有羊酒、紅定等綵禮；娶妾，只用包髻、團衫、繡手巾。

保祚

祚保

《圯橋進履》三【正宮端正好】：「我本是整乾坤、安宇宙忠良將，
保祚的這萬里山河壯。」

《三戰呂布》四【小梁州】白：「今日箇肅靜海宇，保祚山河。」

《單刀劈四寇》一、白：「保祚劉朝立漢邦。」

《騙英布》一【天下樂】：「都把這錦江山同祚保。」

保祚，又倒作「祚保」，意謂保衛。北人讀「祚」爲「佐」。

保辜文書

《勘頭巾》一【天下樂】白：「若是我家狗咬他，我便寫與你保辜文書。」

又同劇一【金盞兒】白：「王小二要殺了你，我問他要保辜文書。」

又同劇楔、白：「不想王小二要殺員外，我就問他要了一紙保辜文書。」

保，養也；辜，罪也。保辜，即依案情輕重，責令犯罪者於規定期限內保證不發生意外。保辜文書，就是上述的保證文字、字據。《公羊傳》：「鄭伯髡原何以名傷，而反未至乎舍而卒也。」注：「古者保辜君親，無將見辜者，辜內當以弒君論之，辜外當以傷君論之。」疏：「其弒君論之者，其身梟首，其家執之。其傷君論之者，其身斬首而已，罪不累家，漢律有其事。」漢·史游《急就章》：「疛痏保辜讄呼號。」顏師古曰：「保辜者，各隨其狀輕重，令毆者以日數保之，限內致死，則坐重罪也。」《唐律》：「諸保辜者，手足毆傷人限十日，以他物傷者二十日，以刃傷者三十日，折跌肢體及破骨者五十日。」明·周祈《名義考》：「《說文》：『媬，保任也。』則保辜之辜當作媬，謂毆者死生未決，令毆之者保任之，俟其平復與否，然後坐罪也。」觀此，知「保辜」之律，由來已久。

飽醋生

《破窰記》一【混江龍】：「見二人衣冠齊整，鞍馬非常，能償箇守藍橋飽醋生，料強如誤桃源聰俊俏劉郎。」

飽醋生，疑指尾生。尾生在橋下抱柱守約被水淹事，見《國策·燕策》。「飽醋」，義未詳，疑或取其窮酸（指書生）意，或爲「抱柱」之音訛。

寶鴈

玉鴈　瑤雁

《金錢記》三【普天樂】：「銀箏上寶鴈橫秋。」

《玉壺春》三《石榴花》：「你道是箏閒玉鴈懶鋪排。」

《太平樂府》卷六·喬夢符散套【行香子】：「弦斷瑤箏雁。」

鴈（雁），指箏上之柱。寶、玉、瑤，形容其貴重。唐・溫庭筠《彈箏人》詩：「鈿蟬金雁皆零落。」李商隱《昨日》詩：「二八月輪蟾影破，十三弦柱雁行斜。」宋・劉攽《劉貢父詩話》云：「鈿蟬者，箏飾；金雁者，箏柱也。」宋・張先詩：「雁柱十三絃，一一春鶯語。」注云：「箏柱斜列，差如雁飛，故曰雁柱。」陸游《雪中感成都》詩：「感事鏡鸞悲獨舞，寄書箏雁恨慵飛。」

報復

報伏　報覆

報復，一作報伏。其義有二：一謂通報；二謂報仇。

（一）

《單刀會》一【混江龍】白：「左右報伏去，道喬公來了也。」

又同劇三【堯民歌】白：「左右報伏去，有江下魯子敬，差上將拖地膽黃文，持請書在此。」

《虎頭牌》一【金盞兒】白：「左右，接了馬者，報復去，道有使命在於門首。」

《張天師》楔、白：「你在此站一站，等我報復去。」

《金錢記》二【滾繡毬】白：「張千，報復去，道有賀知章學士在於門首。」

《黃花峪》二【梁州】白：「小僂儸報伏去，道有山兒李來了也。」

報復，謂通報、通稟、傳達。或作報伏，音義同。或又作報覆，如宋・王明清《揮麈錄・餘話》：「到張太尉衙，令虞侯報覆。」《劉知遠諸宮調》三：「知遠夫妻再見司公參賀，門人報覆。」《水滸》第六十一回：「當直的報覆道：『員外，端的好笑！』」皆其例。

（二）

《楚昭公》一、白：「……二來有費無忌害我父兄之讐，誓當報復。」

《伍員吹簫》四【折桂令】：「俺本為銜著冤仇，思圖報復，受盡煎熬。」

《貶黃州》一、白：「獨翰林學士蘇軾，十分與我不合，昨日上疏，說我奸邪，蠱政害民。我欲報復，況主上素重其才，難以輕去。」

上舉「報復」，猶言報仇。唐・徐彥伯「比干墓」詩：「劍鋒勒遺孽，報復一何迅？」亦其例。此用法現在仍通行，如云「打擊報復」。有時亦作「報恩」講，如《漢書・朱買臣傳》：「買臣到郡……悉召見故人與飲食，諸嘗有恩者，皆報復焉。」清・佚名《補天記》23【杏花天】白：「人情報復，天運循環，大率爲此。」

報啫

報偌

《望江亭》二【中呂粉蝶兒】：「不聽的報啫聲齊，大古裏坐衙來恁時節不退。」

《虎頭牌》三【雙調新水令】：「賀平安報偌可便似春雷。」

古人行禮時，一面拱揖，一面口中啫啫連聲，謂之「唱啫」。「報啫」，衙門裏官員升堂或退堂時差役們齊聲吶喊，這種儀式叫做「報啫」，一名「喊堂威」。「報偌」同「報啫」。

報恩珠

《趙禮讓肥》四【得勝令】：「我可也須識報恩珠，怎敢便不飲盜泉餘？」

據辛氏《三秦記》載：昆明池，昔有人釣魚，魚綸絕而去。遂通夢於漢武帝，求去鉤。帝明日戲於池，見大魚銜索，取而放之。間三日，池邊得明珠一雙。帝曰：豈非魚之報耶？唐・沈佺期《移禁司刑》詩：「漢皇虛沼上，客有報恩珠」，蓋用其事。

抱

《五侯宴》四【雙雁兒】白：「王員外將此鴨蛋與雌雞伏抱數日，個個抱成鴨子。」

《漁樵記》二【滾繡毬】白：「投到你做官，直等的炕點頭，人擺尾，老鼠跌腳笑，駱駝上架兒，麻雀抱鵝彈，木伴哥生娃娃，那其間你還不得做官哩。」

雞孵卵曰「抱」。《方言》：「北燕、朝鮮、冽水之間，謂伏雞曰抱。」宋・梅堯臣《鴨雛》詩：「春鴨日浮波，羽冷難伏卵；嘗因雞抱時，托以雞

巢暖。」抱，一作「菢」，宋・楊萬里《翠樾亭前鶯巢》：「啄菢雙雙子，經營寸寸茅。」明・李實《蜀語》：「雞伏卵曰菢，菢音抱。」據此，知江南朔北，此語早已普遍流行。直至今天，北語仍把雞伏卵叫做「抱」，如云「抱窩」、「抱小雞」。

豹子

> 《勘頭巾》二【隔尾】：「見放著豹子、豹子的令史。」
>
> 《舉案齊眉》一【幺篇】：「哎！兀的是豹子峨冠士大夫，何必更稱譽。」
>
> 《殺狗勸夫》一【賺煞】：「豹子的孟嘗君暢好是食客填門，可怎生把親兄弟如同陌路人？」
>
> 《詞林摘艷》卷一劉庭信【寨兒令・戒漂蕩】：「麗春園慣戰的蘇卿，識破了豫章城豹子雙生。」

元、明人以「豹子」二字名劇者頗多，如《豹子尚書謊秀才》、《豹子令史干請俸》、《豹子秀才不當差》、《豹子和尚還俗》等，確義待考。或疑爲「豹直」的誤書。「豹直」即「伏豹」——節假值日。唐・封演《封氏聞見記》：「御史舊例，初入臺，陪直二十五日，節假直日，謂之伏豹，亦謂豹直。伏豹者，言眾官皆出，己獨留，如藏伏之豹伺候待搏，故云伏豹。」莊一拂《戲曲存目彙考》謂僞假之意。

豹尾

豹尾班

> 《趙氏孤兒》二【梁州第七】：「再休想鵷班豹尾相隨從。」
>
> 《陳州糶米》三【牧羊關】：「當日離豹尾班多時分，今日在狗腿灣行近遠。」

古時皇帝出行的隨從車子最後一輛稱豹尾車。車上載朱漆竿，竿首綴豹尾。「豹尾班」，就是扈從皇帝的朝官行列；也簡作「豹尾」。此制約始於秦漢，歷代因之。《宋史・輿服志》：「豹尾車，古者軍正建豹尾。漢制，最後車一乘垂豹尾。豹尾以前，即同禁中。唐貞觀後，始加此車於鹵簿內，制同黃鉞車，上載朱漆竿，首綴豹尾。右武衛隊正一人執之。駕兩馬，駕士十五人。」按《清會典》載有豹尾槍、豹尾幡之制，殆即古豹尾之類。

豹月烏

抱月烏

《三戰呂布》一【那吒令】：「跨下這匹豹月烏，不剌剌把赤兔馬來當翻。」

《西遊記》二本七齣【牧羊關】：「比豹月烏別樣精神。」

《詞林摘艷》卷四無名氏散套【點絳唇・天淡雲孤】：「騎一匹豹月烏，直雙雙的眉倒豎。」

豹月烏，本為木星名；二十八宿之一，即天文學上的「金牛座」；色赤，因借喻赤色馬。又作抱月烏。「抱」、「豹」，同音通用。

杯珓兒

杯筊　碑珓兒　珓杯　珓（兒）

《薦福碑》二【滾繡毬】：「將碑珓兒呪願了，香鑪上度了幾遭。」

又同劇二【倘秀才】白：「供桌上有一個珓兒。」

《合汗衫》二、白：「有個玉杯珓兒擲個上上大吉，便是小廝兒。」

《海神廟王魁負桂英》【慶東原】：「清耿耿將明香來蓺，骨碌碌將杯筊擲；則見盡今生到老無拋棄。」

《智勇定齊》一、白：「我在前也曾抽籤擲珓，也曾與人圓夢來。」

元刊《替殺妻》三、白：「行到數十里地，見座神廟，我且問珓杯咱！」

同劇三【中呂粉蝶兒】：「今得一個下下云珓。」（徐沁君校改為「杯珓」）

　　杯珓兒，卜具，古時迷信占卜吉凶所用的一種器物。用兩個蚌殼或竹木做成。投空擲地，看它俯仰的情況，以定吉凶。有上上、中平、下下等名目。唐・韓愈《謁衡嶽廟遂宿嶽寺題門樓》詩：「手持盃珓導我擲，云此最吉餘難同。」宋・程大昌《演繁露》：「後世問卜於神，有器名杯珓者，以兩蚌殼投空擲地，觀其俯仰，以斷休咎。後人或以竹或以木，略斲削使如蛤形，而中分為二。」按解放前江湖賣卜者流，亦有持竹木之具，形略如瓢而中空，有兩具可以分合，行時舉瓢合擊，戛然作聲，占時則擲於地，觀其俯仰，以卜休咎，雖名目、方式不盡相同，要亦「杯珓」之遺意。杯珓兒，或作杯筊、

碑玫兒；或倒作玫杯，或簡作玫（兒），如上舉諸例。或又作校杯、筊笞、笞，如《張協狀元》戲文：「怕張協貧女討校杯。」《殺狗記》十四：「賊在門前討筊笞。」《醒世恒言・汪大尹火焚寶蓮寺》：「親手寺中拜倒，向佛討笞。」等等，不備舉。按：玫、筊、笞，以用音或音近通用，訛為「校」；杯，一作碑，用音誤用，訛為「杯」。

悲合

《曲江池》四【梅花酒】：「使不著你傻儸，顯不著你悲合。」

悲合，是「捭闔」（běi hé）之訛。宋・陳鵠《耆舊續聞》卷十：「劉昌言，太宗時為起居郎，善捭闔以迎主意。」捭闔，開合之意，喻能言善辯。《鬼谷子》有《捭闔篇》，戰國時蘇秦、張儀遊說諸侯，宗鬼谷先生，以縱橫捭闔之術聞名於世。

悲田院

卑田院　悲天院

《金線池》一【賺煞】白：「好運，好運，卑田院裏趕趁！」

《曲江池》三【滿庭芳】白：「我家須不是卑田院，怎麼將這叫化的都收拾我家來了。」

又同劇四【鴈兒落】：「俺如今有過活，你兀自難存坐。哎！你個卑田院老教頭！」

《合汗衫》二【收尾】：「少不的悲田院裏學那一聲叫爹媽。」

又同劇四【碧玉簫】：「哎喲！天那！只俺兩口兒叫化在這悲田院。」

《詞林摘艷》卷三楊彥華散套【粉蝶兒・一點情牽】：「他兩箇風月了悲天院。」

佛教有三佛（福）田的說法：以供父母為恩田，供佛為敬田，施貧救苦為悲田。認為施貧救苦，就一定會得到福益，猶如種田得到收穫一樣。悲田養病坊或悲田院的名稱，當取義於此。據《唐會要》卷四十九「病坊條」：「開元五年，宋璟奏：悲田養病，從長安（武則天年號，702－704）以來，置使專知。國家矜孤恤窮，敬老養病，至於安庇，各有司存。」知唐初已設有悲田養病坊，收容孤老貧病無依的人，由政府派人主持。後又停設，改由寺廟

僧尼主辦。《舊唐書・武宗紀》：「會昌五年十一月勑：悲田養病坊，緣僧尼還俗，無人主持，恐殘疾無以取給。兩京量給寺田賑濟，諸州府七頃至十頃，各於本管選耆壽一人勾當，以充粥料。」悲田養病坊簡稱悲田院，或訛「悲」爲「卑」，寫作「卑田院」；後來成爲乞丐收容所的代稱。

碑亭

《黑旋風》一【滾繡毬】：「哥也，他見我這威凜凜的身似碑亭。」

《硃砂擔》一【四季花】：「我也曾拳到處倒了碑亭，我也曾區擔打碎了天靈。」

《盆兒鬼》一【金盞兒】：「只爲這適間夢裏多希詫，見一個碑亭般大漢把短刀拿。」

《爭報恩》二【石榴花】：「見一個碑亭般大漢將這門桯來蓁。」

碑亭，護碑之亭也，元曲中習用以形容人體的高大和雄偉。《資治通鑑》卷二三七、元和四年：「左軍中尉吐突承璀領功德使，盛修安國寺，奏立聖德碑，高大一準華嶽碑，先構碑樓，請勑學士撰文。」碑亭，即碑樓一類的建築物。劇中借喻人體。

孛老

《竇娥冤》一：「〔孛老同副淨張驢兒衝上。……張驢兒云：〕爹，是個婆婆，爭些勒殺了。」

《獨角牛》二：〔孛老云：〕哥哥每，好不曉事也！」

《飛刀對箭》一：「〔孛老兒云：〕媳婦兒，不問那裏，尋將薛驢哥來！」

元劇中扮演老頭的角色稱孛（bèi 又讀 bó）老。一般用「外」或「沖末」扮演，相當於現代劇中的「衰派老生」。「孛老」是從「鮑老」演化而來。王國維《古劇角色考》說：「金元之際，鮑老之名，分化而爲三；其扮盜賊者，謂之邦老；扮老人者，謂之孛老；扮老婦者，謂之卜兒。皆鮑老一聲之轉，故爲異名以相別耳。」

背子

《五侯宴》一【尾聲】：「你穿著些有（布）背子，排門兒告些故疏。」

《度柳翠》三【滿庭芳】：「你和這衫兒永別，將背子道個安置。」

《劉行首》二【煞尾】：「則要你穿背子，戴冠梳，急煎煎，鬧炒炒，柳陌花街將罪業招。」

背子，即半臂，俗名背心或坎肩。徐珂《清稗類鈔·服飾類》：「半臂，漢時名繡裾，即今之坎肩也，又名背心。」《圖書集成·衣服部》：「《實錄》曰：『隋大業中，內官多服半除，即長袖也；唐高祖減其袖，謂之半臂，今背子也；江淮之間或曰綽子，士人競服，隋始制之也。』今俗名搭護，又名背心。」陸游《老學庵筆記》卷二：「予童子時，見前輩猶繫頭巾帶于前，作胡桃結。背子背及腋下皆垂帶。長老言，背子率以紫勒帛繫之，散腰則謂之不敬。至蔡太師為相，始去勒帛。」清·翟灝《通俗編·服飾》云：「今背子為妓妾輩之常服，良貴唯燕褻服之，乃元、明時樂伎所著皁褙遺製。」或作褙子，如《警世通言·萬秀娘仇報山亭兒》：「著鬮花青羅褙子」，是也。參見「背褡」條。

背廳

《調風月》三【尾】：「大剛來主人有福牙推勝，不似這調風月媒人背廳。」

背廳，謂背時、背運；取義不詳。

背云

《竇娥冤》一：「〔卜兒背云：〕我不依他，他又勒殺我。罷罷罷，你爺兒兩箇隨我到家中去來。」

《㑳梅香》一「〔正旦背云：〕小姐剗的待要講書哩！」

《趙禮讓肥》一【醉扶歸】：「〔背云：〕母親今日喫了這些粥湯，明日喫甚麼那？」

《醉寫赤壁賦》一【幺篇】：「〔遞酒，樂聲響科，眾看科，正末背云：〕此侍女中決有安石夫人，我著一個小伎倆，要賺出來。」

背云，元劇術語；即在舞臺上背著別的角色，假定人的聽不見，講自己心裏的話，猶如今日戲劇中的「打背躬」或「旁白」。

背晦

背悔　背會

《哭存孝》二【牧羊關】：「詞未盡將他來罵，口未落便拳敦，常好背晦也蕭丞相。」

《拜月亭》三【滾繡毬】：「俺這個背會爺，聽的把古書説，他便惡紛紛的腦裂，粗豪的今古皆絕。」

《兒女團圓》一【那吒令】：「這婆娘家便背悔，也忒瞞心昧己。」

《凍蘇秦》二【滾繡毬】：「俺爹娘他須是老背悔。」

《盆兒鬼》三【慶元貞】：「這都是咱老背悔，門兒外不曾撒的把兒灰。」

《合同文字》四【喬牌兒】：「他是個老人家多背悔，大人須有才智。」

「背」應作「悖」。「悔」、「會」應作「晦」，均係同音誤用。悖晦，意謂糊塗、作事悖謬，多用以形容老年人。《紅樓夢》第四十六回：「老爺如今上了年紀，行事不免有點兒背晦。」又第八十回：「賈母因道：『可是我背晦了。』」皆其例。

背陰

扮陰

《任風子》二【滾繡毬】：「退身在背陰黑處。」

《西廂記》三本四折【小桃紅】：「面靠著湖山背陰裏窨。」

《小張屠》二【金蕉葉】：「你向扮陰中權且歇波。」

背陰，指陽光照不到的陰涼處。宋·羅願《爾雅翼》：「靈龜文五色，似玉似金，背陰向陽，上隆象天，下平法地。」宋·張翥【東風第一枝·憶梅】詞：「背陰未返冰魂，陽梢已含紅萼。」「扮」、「背」，音近義同。

背褡

搭背　被搭

《李克用箭射雙雕》【醉春風】：「恰曬的布背褡禳兒乾，又淹的舊留丟前襟濕。」

《趙禮讓肥》一【後庭花】：「我則見他番穿著綿納甲，斜披著一片破背褡。」

《西遊記》二本六齣【喬牌兒】：「一箇箇手執白木植，身穿著紫搭背。」

《盛世新聲》【中呂粉蝶兒‧賽社處人齊】：「恰曬的布被搭上襪兒乾，又淹的舊流丟前襜濕。」

背褡，無袖之短衣，僅能蔽胸背，故名；亦稱背心、馬甲、坎肩；即古之兩當、半臂也。背褡，或作被褡，或倒作搭背，義同；「被」，同「披」。參見「背子」條。

背槽拋糞

《救風塵》三【滾繡毬】：「我這裏微微的把氣噴，輸個姓因，怎不教那廝背槽拋糞？」

《漁樵記》三【么篇】白：「我孩兒又不曾別嫁了人，是關你耍；怎麼這等認真，就說嘴說舌，背槽拋糞？」

《舉案齊眉》二【上小樓】：「你將這赤的金、白的銀，饕餮都盡，又道是女孩兒背槽拋糞。」

牛馬等牲畜在槽裏吃飼料，也在槽邊糞便，把餵養它的地方，弄得很髒，叫做背槽拋糞；比喻人反臉無情、忘恩負義。

被論人

《魯齋郎》楔【仙呂端正好】：「被論人有勢權，原告人無門下。」

《後庭花》三【沽美酒】：「你個被論人莫驚諕。」

《周公攝政》四【沽美酒】：「如今被論人當了罪責，不想那元告人安然在。」

被論人，指被告，即原告的對手。按：決罪曰論，《後漢書‧魯丕傳》：「坐事下獄，司寇論」，是也。

憊（bèi）賴

潑賴　派賴

《竇娥冤》一【賺煞】白：「美婦人我見過萬千向外，不似這小妮子生得十分憊賴。」

《單鞭奪槊》二【小梁州】白：「老徐卻也忒潑賴，這不是說話，這是害人性命哩！」

《殺狗勸夫》一【鵲踏枝】白：「這潑賴無禮，你那裏是罵俺？哥哥，你看孫二見俺這裏吃酒，他罵你吃你娘祖代宗親哩！」

《降桑椹》二【逍遙樂】白：「你還說嘴哩！你平常派賴；冬寒天道，著我在這裏久等，險些兒凍的我腿轉筋。」

《盆兒鬼》二【幺篇】白：「我一年二祭，好生供養你，你不看覷我，反來折挫我，直恁的派賴！」

憊賴，又作潑賴、派賴，有凶狠、潑辣、刁頑等義。「憊」、「潑」雙聲，又據《通俗編》引《餘冬序錄》云：「蘇州謂丑惡曰潑賴，潑音如派。」故知「憊」、「潑」、「派」三字俱通。《今古奇觀·念親恩孝女藏兒》：「怎當得新郎憊賴，專一使心用腹，搬是造非。」清·無名氏《好逑傳》第八回：「你這和尚也忒憊賴！」《儒林外史》第四十回「新娘人物倒生得標緻，只是樣子覺得憊賴，不是個好惹的。」或又作破賴，如明·劉元卿《賢奕編》卷一：「奈何著一個破賴和尚往來其中哉？」或又作潑剌，如初刻《拍案驚奇：姚滴珠避羞惹羞，鄭月娥將錯就錯》：「恁般心性潑剌。」或又作憊賴，如清·文康《兒女英雄傳》第十五回：「這人豈不是憊賴小人的行徑了。」皆其例。

鞁（bèi）

鞴　鞴　備　背

《救風塵》四：〔小二云：〕馬揣駒了。〔周舍云：〕鞁騾了。」

《竇娥冤》二【隔尾】：「我一馬難將兩鞍鞁。」

《陳母教子》三【普天樂】白：「下次小的每，與我背馬者！」

《西廂記》四本四折【得勝令】白：「店小二哥，還你房錢，鞴了馬者！」

《鐵拐李》一【金盞兒】白：「張千備馬來，待我趕將上去！」

《存孝打虎》三、白：「馬鞴征鞍將掛袍。」

《兒女團圓》二、白：「下次小的每，鞴下頭口兒，我到城中索取錢債，走一遭去來。」

《鴛鴦被》三【幺篇】白：「我想來一馬不背兩鞍，雙輪豈輾四轍？」

把鞍轡（pèi）之類的東西套在馬身上，謂之「鞴」。《說文》：「鞴，車駕具也。」南唐・徐鍇《繫傳》云：「猶今人言鞴馬也。」據金・韓孝彥《篇海》，謂「鞲」是「裝束馬」之意。均是。「鞴」、「鞲」一字；又作「鞴」；「備」是「鞴」或「鞲」的簡寫；「背」為同音假借字。

奔競

《豫讓吞炭》二【滾繡毬】：「眾軍民往來奔競，咫尺間海角飄零。」

《東堂老》二【滾繡毬】：「我只去利名場往來奔競，那裏也有一日的安寧？」

《詞林摘艷》卷三無名氏散套【粉蝶兒・裹帽穿衫】：「我將這古往今來事覽，再誰敢奔競貪婪？」（亦見《盛世新聲》。）

《樂府群珠》卷一張雲莊小令【山坡羊・述懷】：「休學諂佞，休學奔競，休學說謊言無信。」

《樂府群玉》卷二喬夢符小令【殿前歡・里西瑛號懶雲窩自敘有作奉和】：「疎慵在我，奔競從他。」

奔競，謂奔波、競爭。梁・任昉《王文憲集序》：「夫奔競之塗，有自來矣。」《南史・顏延之傳》：「外示寡求，內懷奔競。」唐・盧照鄰《五悲雜言》：「適足誇耀時俗，奔競功名。」唐・白居易《得選舉司取有名之士判》：「懼誘人於奔競。」《牡丹亭・腐歎》：「昨日聽見本府杜太守有箇小姐，要請先生，好些奔競的鑽去。」猶今言「鑽營」。

本

《拜月亭》二【牧羊關】：「您孩兒無挨靠，沒依仗；深得他本人將傍。」

又同劇同折【鬭蝦蟆】白：「父親息怒，寬容瑞蘭一步；分付他本
人三兩句言語呵，喒便行波。」「父親不知，本人於您孩兒有恩處。」

又同劇三折【叨叨令】白：「妹子，你不知，我兵火中多得他本人
氣力來，我以此上忘不下他。」

《貶黃州》一、白：「且本官志大言浮，離經畔（叛）道，見新法之
行，往往行諸吟咏。」又駕白：「本官清才重名，見重當世。」

《北詞廣正譜》十四馬致遠小令【水仙子】：「因緣事不退，重相見，
學取本情意。」

「本」在元曲中多用作指示詞，義猶「這」、「那」、「該」，不同於用作
自稱之詞。除此，「本」字在具體運用時，隨文生意：如《豫讓吞炭》一折：
「若是近大臣，遠佞人，則這的是經綸天下本。」此「本」字猶今云原則。
如《黃鶴樓》一折：「有俺孔明師父，言先取荊州為本，後圖西蜀。」此「本」
字意為根本、基礎，引申為根據地。如《貶黃州》一折：「本已寫定了。」
此「本」字指奏摺（舊時大臣呈給皇帝的意見書）。如《宦門子弟錯立身》
戲文：「相公若知道，打你娘個本。」此「本」字指生殖器。如明·朱權雜
劇《風月牡丹仙》上：「亭前栽牡丹千百餘本。」此「本」字是指株、棵（草
木一株曰一本）。餘不勝備舉。

本對

《博望燒屯》二、白：「若遇敵將，做不的本對。」

《獨角牛》三【白鶴子】：「本對也，可不道三角瓦兒阿可赤可兀的
絆翻了人。」

本對，用作名詞，謂敵手、對手。《七國春秋平話》卷下：「一個神通廣
大，一個變化多端，二人正是本對。」

本等

本等：一謂本分、本職；二謂本來、原來。

（一）

《氣英布》二、白：「這個是我做典謁的本等。」

《鐵拐李》二【倘秀才】白：「你若長大，休做吏典，只務農業是本等。」

《漁樵閑話》二【五煞】白：「一似那學飛的燕子，不習本等，專弄虛頭。」

本等，謂本分（fèn），即本職工作（本人應盡的責任和義務）。《醒世恆言・張廷秀逃生救父》：「這斧頭、鋸子便是他的本等。」二刻《拍案驚奇・李將軍錯認舅》：「小生在鄉中，以儒爲業，那詩書是本等。」《桃花扇・罵筵》：「叫去學歌，是俺煙花本等。」等等，均屬其例。這種用法，現仍保存於河北省方言中。

（二）

《曲江池》三【尾煞】白：「你只去賣笑求食，做你那本等行業便了。」

《瀟湘雨》四【笑和尚】白：「前日那一個女人，本等是我伯父與我配下的妻子。」

《薛仁貴》一【金盞兒】白：「薛仁貴本等是個莊農，倒著他做了官，我本等是官，倒著我做莊農，軍師好葫蘆提也！」

此「本等」是本來、原來之意。

上述二解外，尚有：如《京本通俗小說・錯斬崔寧》：「買賣行中一發不是本等伎倆。」「本等伎倆」，謂適當工作。如《今古奇觀・蔣興哥重會珍珠衫》：「望七之年，死是本等。」「死是本等」，謂死是理所當然的。一詞而兼二意者，如上舉之《漁樵閑話》例，既可解爲「本職」，也可釋爲「老實」。餘不備及。

坌（bèn）

㤷 𦜝 㑓

《蝴蝶夢》四【雙調新水令】：「拾得粗坌坌幾根柴。」

《剪髮待賓》一【那吒令】：「與人家做生活，打些坌活。」

《東坡夢》一【混江龍】：「法聰心㤷。〔行者云：〕徒弟也不㤷，一本《心經》讀了三年六個月，就念的『摩訶般若波羅蜜』一句出來，這也不算㤷。」

《太平樂府》卷九無名氏散套【耍孩兒・拘刷行院】：「摸魚兒老瓤
如扒齒，擔水腰肢臍似碌軸。」

《詞林摘艷》卷三無名氏散套【粉蝶兒・裹帽穿衫】：「惜性命粧些
瓤踈蠢俸。」

坌、倴、臍、俸，均係「笨」的同音借用字。或作埪，如《董西廂》卷四：
「下了五七年埪功」。又作夯（讀如「笨」），如《紅樓夢》第三十回：「誰都像
我心拙口夯，由著人說呢！」

坌，又作粗劣解釋，如《桃花女》一折：「您穿的是輕紗異錦，俺穿的是
坌絹的這粗綢。」「坌」與「粗」互文見義。又今方言，謂「坌」爲「刨」，「刨
地」爲「坌地」。

崩騰

《氣英布》二【烏夜啼】：「你道是善相持，能相競，用不著喒軍馬
崩騰，武藝縱橫。」

崩騰，形容急馳紛亂之狀。唐・王維《老將行》：「漢兵奮迅如霹靂，虜
騎崩騰畏蒺藜。」唐・劉禹錫《平蔡州》：「賊徒崩騰望旗拜，有若群蟄驚春
雷。」唐・韓愈《雪》詩：「崩騰相排捹。」皆其例。

按崩騰，一般寫作奔騰，例如《後漢書・和帝紀》：「奔騰險阻，死者繼
路。」唐・張籍《廢宅行》：「胡馬奔騰滿阡陌，都人避亂唯空宅。」崩、奔
雙聲，古通用。

繃扒

繃扒　絣扒　掤扒　棚扒　閅扒

《趙氏孤兒》二【二煞】：「他把繃扒吊拷般般用。」

《勘頭巾》三【逍遙樂】白：「三推六問，吊拷繃扒。」

《灰闌記》三、白：「吃不過吊拷繃扒。」

又同劇三《喜遷喬》：「似這等銜冤負屈，空喫盡吊拷繃扒。」

《東窗事犯》三【調笑令】：「不能勾懸牌掛印將君恩受，只落的絣
扒吊拷百事有。」

《豫讓吞炭》三【紫花兒序】：「既待舍死忘生，怕甚麼吊拷掤扒？」

《替殺妻》三【耍孩兒】：「我往常時看別人笞杖徒流絞，今日箇輪
　　到門扒吊拷。」

《太平樂府》卷九睢玄明散套【耍孩兒・詠鼓】：「緊緊的棚扒的我
　　沒奈何。」

繃扒，音爲繩捆索綁。《水滸》第五十一回：「這一班禁子人等都是和雷
橫一般的公人，如何肯絣扒他？」又云：「兄長，沒奈何且胡亂絣一絣。把
雷橫絣扒在街上。……那婆婆（雷橫的母親）一面自去解索，一頭口裏罵
道……」可參證。

繃扒，一作絣扒，又作繃扒、掤扒、棚扒、門扒，音近意並同。或又作
絣把，如《董西廂》卷八：「有刑罰徒、流、絞、斬，吊拷絣把。」或又作
拼扒，如《小孫屠》戲文：「拷打更拼扒，如今怎躲（躲）免？」或又作棚
琶，如《牡丹亭・僕偵》：「棚琶拶壓，不怕不招。」或又作繃爬，如《警世
通言・萬秀娘仇報山亭兒》：「押下司理院繃爬吊拷。」

繃扒，常與「吊拷」（吊起來拷打）二字連文而成爲「繃扒吊拷」或「吊
拷繃扒」。

繃拽

掤拽　絣綳

《樂府群珠》卷三劉庭信小令【折桂令・憶別】：「好時光誰曾受用，
窮家活逐日繃拽絕。」（此曲亦收于《詞林摘艷》及《元人小令集》。）

《雍熙樂府》卷十七汪元亨小令【醉太平・警世】：「但新詞雅曲閑
編捏，且粗衣淡飯權掤拽。」

《王蘭卿》二【呆骨朵】：「則他那嗷嗷家口難掤拽，迢迢遠道難跋涉。」

《盛世新聲》小令【寨兒令】：「有錢時強拼捨，無錢後苦絣綳。」

繃（bēng）拽，拉緊；這裏引申爲對生活的勉強支撐。又作掤（bēng）拽、
絣（bèng）綳，音近義并同。又作「棚拽」，如《詞林摘艷》卷十陳大聲散套
【鬪鵪鶉】：「我則怕宣揚的你棚拽風聲大，我勸你且寧耐一時半霎。」

明・凌濛初《譚曲雜記》：「沈伯英（即沈璟）審於律而短於才，亦知用
故實、用套詞之非宜，欲作當家本色俊語，卻又不能，直以淺言俚句掤拽牽
湊。」此「掤拽」意爲編纂、拼湊，與上舉各例意別。

絣藉

《東堂老》一【天下樂】：「你曾出的胎也波胞，你娘將你那絣藉包，
你娘將那酥蜜食養活得偌大小。」

《兒女團圓》三【青哥兒】：「他將那錦絣兒繡藉，蓋覆的個重疊。」

絣藉，謂嬰兒包被，即襁緥（qiǎng bǎo）。《漢書・宣帝紀》：「曾孫雖在襁
緥。」顏師古注：「襁，即今之小兒繃也。」李奇注：「緥小兒大藉也。」按：
小兒繃，即小兒衣；藉，即藉子（jiè・zi）。章太炎《新方言・釋器》：「《說文》：
『藉，祭藉也。』一曰草不編狼藉。凡在下承物者皆被此名。鄧廷楨說，淮
北小兒臥處以布禦穢，謂其布曰藉子，亦其一矣。」「藉子」一詞，不獨淮北，
今華北、東北等地，仍稱為「藉子」（jiè・zi）。亦作襏子。

迸（běng）

頩　偋　絣

《看錢奴》一【六么序】：「你看他聳起肩胛，迸定鼻凹，沒半點和
氣謙洽。」

《張天師》三【滾繡毬】：「你看那雪天王迸著一個冷臉兒。」

《風光好》二【賀新郎】：「我這裏潛身軀，迸定臉，凝睛望。」

《紅梨花》一【鵲踏枝】：「迸定個腤腤不良鼻凹，醜嘴臉渾如蠟渣。」

《殺狗勸夫》二【五煞】：「你迸著臉嗷喝的我，我好心兒搭救著你。」

《盆兒鬼》一【六么序】：「迸定鼻凹，咬定鏊牙，則被你諕殺人那。」

《太平樂府》卷八喬夢符散套【一枝花・合箏】：「風流這生，乞戲
可憎，我便有陶學士的鼻凹也下不得絣。」

《雍熙樂府》卷十九【小桃紅・西廂百詠】三十八：「熱搶白，頩著
冷臉將人曬。」

《元人小令集》失名《失題》：「但無錢枉廢（費）了脣舌，不見錢
便無親熱。把冷鼻凹偋者，誰敢問俺娘賒？」

迸，《元曲選》音釋：「迸，逋夢切。」用法同絣（běng）、繃（běng）；
迸著臉，即絣（或繃）著臉，因為生氣不高興，臉皮張緊的樣子。或作「頩」、
「偋」、「絣」，音近意同。按「頩」，音傍（pīng），《楚辭・遠遊》：「玉色

頮以晼顏兮。」洪興祖補注：「頮，美貌。一曰歙容。」「歙容」，猶今云「繃臉」。再據雷浚《說文外編》謂：「《說文》無頮字，《玉篇》皏下引《楚辭》作玉色皏，知皏即頮字。」偋，《集韻》：「蒲登切，同朋。」絣，音崩（bēng）。

逼併

《剪髮待賓》三【鬭鵪鶉】白：「你有錢好請客，無錢便罷，如何逼併的你娘剪頭髮賣錢請人？」

又同劇三【上小樓】：「他道是逼併的娘剪髮，安排筵席。」

逼併，謂逼迫。又作比併，如明·馮北海雜劇《不伏老》一【幺】白：「則被他擎擎眡眡，比併得眼兒中灼火。」逼、比雙聲借用。

逼促

《玉鏡臺》四【川撥棹】：「這官人待須叟休恁般相逼促。」

逼促，謂催逼。敦煌變文《頻婆娑王后宮綵女功德意供養塔生天因緣變文》：「逼促都緣一夢期。」是唐時已有此語矣。

《元曲選》音釋：「促，音取。」

逼勒

《秋胡戲妻》四【得勝令】白：「明明是廣放私債，逼勒賣女子。」

《莊周夢》四【駐馬聽】白：「不必逼勒你，莊子休，你省悟了不曾？」

逼勒，謂逼迫勒令。或作偪勒，《京本通俗小說·錯斬崔寧》：「百姓既沒錢糧交納，又被官府鞭笞偪勒，禁受不過，三三兩兩逃入山間，相聚爲盜。」按「偪」同「逼」；清·紐樹玉《說文新附考》：「漢碑有逼，經典多作偪。」《左傳·隱公十一年》：「無滋他族，實偪處此。」

比如

比似　譬如

比如，或作比似、譬如。其義有二：一謂「與其」；二用作比喻之詞。

（一）

《鐵拐李》二【滾繡毬】：「怕你子母每受窮時，典賣盤纏，比如包屍裹骨棺函內爛，把似遇節迎寒您子母每穿，省可裏熬煎。」

《陽春白雪》後五散套【夜行船・離亭宴煞】：「比如常向心頭掛，爭如移上雙肩搭。」

《羅李郎》三【幺篇】白：「你父親現在京師做大官，比似在此受氣，你尋你父親去。」

《桃花女》一【賺煞】：「比似你做陰司下鬼囚，爭似得他這天堂上陽壽？」

《梨園樂府》上馬致遠散套【般涉調哨遍・半世逢場作戲】：「譬如風浪乘舟去，爭似田園拂袖歸？」

以上各例：比如、比似、譬如，都是「與其」之意。用於上下呼應句，其下常與爭如、爭似、不如、何不等詞連用，以表示取捨關係，「比如」分句是「捨」，「爭如」分句是「取」。

宋、金已有此用法，如：《京本通俗小說・碾玉觀音上》：「比似只管等待，何不今夜我和你先做夫妻？」《董西廂》卷一：「譬如這裏鬧鑊鐸，把似書房裏睡取一覺。」又同書卷六：「譬如對燈悶悶的坐，把似和衣強強的眠。」等等，皆其例。

（二）

《金線池》楔【幺篇】：「那蘇小卿不辨賢愚，比如我五十年不見雙通叔。」

《金鳳釵》三【煞尾】：「譬如教天不蓋地不載居在人海，枉了食不飽衣不遮送了世界。」

《虎頭牌》四【伴讀書】白：「譬如我已打死了，只不要開門。」

《漁樵記》一【青哥兒】：「則說那姜子牙，正與區區可比如。」

《鴛鴦被》三、白：「我且問你，比如你見我時節，難道好歹也不問一聲？見說名姓不是我，你就不該隨順他了。」

以上各例：比如、譬如，都用作比喻之詞。又作匹如、匹似，意均同。前者如唐・元稹《酬樂天醉別》詩：「好住樂天休悵望，匹如元不到京來。」

後者如五代・徐鉉《離歌辭》：「莫嫌春夜短，層似楚襄王。」按「比」、「譬」，音近意通；譬，一作匹。

比並

比併　並比

比並，意為較量或比擬。

（一）

《澠池會》四【步步嬌】白：「秦昭公乃虎狼之國，雄兵百萬，戰將千員，廉將軍難以並比。」

《三戰呂布》三、白：「不答話來回便戰，垓心內比並箇高低。」

《伍員吹簫》楔、白：「〔詩云：〕眾軍聽我傳將令，要與伍員相比並。」

《老君堂》三【刮地風】：「惡狠狠蕭銑軍前施懆暴，搦元帥比並低高。」

《三奪槊》二【牧羊關】：「咱兩個比併一個好弱低高。」

比並，謂較量、匹敵。或作比併，或倒作並比，意并同。韓愈《芍藥歌》：「嬌妻婢子無靈性，競挽春衫來比並。」亦其例。《西遊記》又作比迸，如第五十二回：「且各歇息歇息，明朝再與你比迸。」

（二）

《調風月》三【紫花兒序】：「咱兩箇堪為比並，我為那包髻白身，你為這燈火清。」

《陳母教子》二【尾聲】白：「俗言有幾句比並，尊舅豈不聞？」

《忍字記》一【天下樂】：「我這裏量度，將他比並著。」

比並，比擬、比較之意。唐・韓愈《代張籍與李浙東書》：「夫盲者業專，於藝必精，故樂工皆盲，籍儻可以此輩比並也。」敦煌變文《維摩詰經菩薩品變文乙》：「胡亂莫能相比並。」又《醜女緣起》變文：「國內計應無比並，長大將身嫁阿誰？」

比量（bǐ liàng）

《玉鏡臺》一【那吒令】：「他每都恃著口強，便儀秦呵怎敢比量？都恃著力強，便賁育呵怎敢賭當？」

《王蘭卿》三【聖藥王】：「比量著孟母訓三移，怕甚的棠樹下不接梨。」

比量，謂比較考量。隋・顏之推《顏氏家訓・勉學》：「世人但知跨馬被甲，長矟強弓，便云：『我能爲將。』不知明乎天道，辨乎地利，比量逆順，鑒達興亡之妙也。」

比較

《貨郎旦》四【九轉】：「〔祗從拿淨、外旦上科，云：〕稟爺，這兩箇名下，欺侵窩脫銀一百多兩，帶累小的們比較，不知替他打了多少。」

古代官庭向百姓徵收錢糧時，遇有拖欠，就派差役催繳；立有一定期限（謂之比限），按期與已收到的相比較，如過期還沒收足，差役就該受處罰，這就叫「比較」。因處罰時用竹批行刑，故也稱「批較」。這與一般用作較量之義稍有不同。《古今小說・沈小霞相會出師表》：「州守相公沒奈何，只苦得比較差人。」凌蒙初二拍《神偷寄興一枝梅，俠盜慣行三昧戲》：「使臣人等受到比較不過，只得用心體訪。」皆其例。

彼各

比各

《董西廂》卷四【雙調・芰荷香】：「薄情業種，咱兩箇彼各當年。」

《西廂記》二本楔子【收尾】白：「憶昔聯牀風雨，歎今彼各天涯，客況復生于肺腑，離愁無慰于羈懷。」

脈望館鈔校本《王粲登樓》一【天下樂】白：「因爲居官，彼各天涯，阻當親事。」（《元曲選》本作「彼此天涯」。）

《陽春白雪》後三關漢卿散套【新水令・天仙子】：「畫的來廝顧盼廝溫存，比各青春。」

又同書後三無名氏散套【端正好‧尾】：「我上車兒倦向前，他上彫鞍懶贈鞭，比各無言兩淚漣。」

《詞林摘艷》卷九王和卿散套【大石調驀山溪‧冬天易曉】：「況彼各青春年幼，似恁的廝禁持，尋思來白了人頭。」

彼各，謂彼此。宋‧邵雍《日中吟》詩：「日中爲噬嗑，交易是尋常；彼各不相識，何復更思量？」《清平山堂話本‧刎頸鴛鴦會》：「彼各相慕，自成眉語，但不能一敘款曲爲恨也。」彼，一作比，同音假借。

引申其義，也作分別、脫離講，如明‧無名氏雜劇《桃園結義》二【越調鬬鵪鶉】：「脫離了下賤營生，彼各了塵中伴侶」，是也。

屵剝（bǐ bāo）

畢剝　碧碧卜卜　劈劈潑潑

《梧桐雨》四【滾繡毬】：「誰望道秋雨如膏，向青翠條、碧玉梢，碎聲兒屵剝，增百十倍歇和芭蕉。」

《村樂堂》二【梁州】白：「哎喲！哎喲！甚麼人劈劈潑潑則管裏打。」

《破風詩》三【滾繡毬】白：「雨打岩崖畢剝聲。」

《樂府群珠》卷一失註【十二月帶過堯民歌‧別情】：「我可愁的是雨（雨）星兒析零零，窗外滴滴點點，碧碧卜卜灑芭蕉。」（《詞林摘艷》六收此曲，作「碧碧薄薄」。）

屵剝，《元曲選》音釋：「屵音彼，剝音飽。」或作畢剝，重言之則曰碧碧卜卜、劈劈潑潑，並一聲之轉。以「發聲音」出之，爲屵剝、畢剝、碧碧卜卜；以「送氣音」出之，爲劈劈潑潑。用作象聲詞，無定字，形容敲擊聲，等等。

或作屵屵剝剝，劈劈撲撲，如《水滸》第四回：「去那光腦袋上屵屵剝剝只顧鑿。」《張協狀元》戲文：「著皮靴劈劈撲撲。」

或作偪偪仆仆、必必剝剝，狀盛火爆烈聲，或冰裂聲，如《古今小說‧汪信之一死救全家》：「必必剝剝，燒得烈焰騰天。」王建《兩頭纖纖》詩：「偪偪仆仆（一作腷腷膊膊）春冰裂。」或狀撕扯聲，如《水滸傳》第四回：「把直裰帶子，都屵屵剝剝扯斷了。」

比及 (bǐ jī)

比及；一謂與其、如其；二謂及至、等到；三謂未及；四謂既然；五謂假使、倘若。

（一）

《謝天香》一【醉扶歸】白：「耆卿，比及你在花街裏留意，且去你那功名上用心。」

《看錢奴》二【滾繡毬】白：「比及你這等貧呵，把這小的兒與了人家可不好？」

《薦福碑》二【滾繡毬】：「比及見這四方豪士頻插手，我爭如學五柳的先生懶折腰。」

《虎頭牌》一【金盞兒】白：「比及與別人帶了，與叔叔帶了，可不好那？」

《合汗衫》三【四邊靜】白：「兀的那老兩口兒！比及你在這裏叫化，相國寺裏散齋哩，你那裏求一齋去不好那？」

《馮玉蘭》二【笑歌賞】白：「比及你明日告我時，不如今日我先殺了你，可不好那！」

上舉各例，「比及」意為與其、如其，多用於開合呼應句，下面多用「不如」、「爭如」一類字眼相承。有時則省略，如《謝天香》例：「比及你在花街裏留意，（不如）且去你那功名上用心。」有時下面則以反問口氣，表示不同意，取代「不如」，如《虎頭牌》例：「比及與別人帶了，與叔叔帶了，可不好那？」

（二）

《拜月亭》三【笑和尚】：「韻悠悠比及把角品絕，碧熒熒投至那燈兒滅。」

《燕青博魚》三【滾繡毬】：「我見他笑吟吟推入門程，比及我唾潤開窗紙偷晴覷，他可也背靠定毬樓側耳聽。」

《救孝子》一【憶王孫】白：「小人楊謝祖，從小裏看書，雖然不會武藝，比及大人今日來，小人夜得一夢，跟著大人出征，夢中作了四句氣概詩。」

《薛仁貴》一【混江龍】：「比及凌煙閣上倒把恁來圖，我待要叩金階款款的明開去。」

上舉各例，爲時間副詞，謂及至、等到。《拜月亭》劇中的「比及」與「投至」，意思都是「到」，互文爲義。《論語・先進》：「由也爲之，比及三年，可使有勇，且知方也。」清・劉淇《助字辨略》卷四：「《論語》：『比及三年。』比及，重言也。」

（三）

《董西廂》卷三【黃鍾宮・出隊子】：「比及相面待追依，見了依前還又休，是背面相思對面羞。」

又同書卷八【大石調・尾】：「比及夫妻每重相遇，各自准準下萬言千語，及至相逢卻沒一句。」

《青衫淚》三【梅花酒】：「那單俫正昏睡，囫圇課你拿只，江茶引我擡起，比及他覺來疾。」

《西廂記》一本三折、白：「比及小姐出來，我先在太湖石畔牆角兒邊等待。」

又同劇三本二折【中呂粉蝶兒】：「比及將暖帳輕彈，先揭起這梅紅羅軟簾偷看。」

《揚州夢》一【幺篇】：「比及賞吳宮花草二十年，先索費翰林風月三千首。」

以上各例，用爲副詞，表示尚未到之意，指在某時或某事以前。

（四）

《張生煮海》二【牧羊關】：「〔張生云：〕道姑，敢問這搭兒是何處也？〔仙姑唱：〕比及你來相問，先對俺說明白。」

《魔合羅》四【滾繡毬】：「比及你露十指玉筍穿針線，你怎不啓一點朱唇說是非，教萬代人知。」

《隔江鬥智》三【逍遙樂】：「〔梅香云：〕比及姐夫想他每兄弟呵，可著他回去了罷！〔正旦唱：〕你說的來好沒分曉，俺哥哥有妙計千條，則待取霸圖王在這遭。〔梅香云：〕既然主公不肯放姐夫去，著他悄悄的走了罷！」

上舉「比及」，猶云「既然」，謂已經如此。《隔江鬥智》例，「比及」與「既然」爲互文，益可證。

（五）

《西廂記》一本二折【哨遍】：「自思想，比及你心兒裏畏懼老母親威嚴，小姐呵，你不合臨去也回頭兒望。」

又同劇同本四折、白：「眾僧動法器者！請夫人、小姐拈香。比及夫人未來，先請張生拈香。」

又同劇同本同折【幺篇】：「到晚來向書幃裏比及睡著，千萬聲長吁捱不到曉？」

上舉「比及」，意爲假使、倘若。毛西河注《西廂》云：「比及，若使也。」第一例，宜閣本《西廂》「比及」作「假如」，均可引爲旁證。

必索

《圯橋進履》三【尾聲】：「俺今日敲金鐙，將得勝歌必索齊聲唱。」

《西廂記》三本二折【幺篇】白：「小娘子此一遭去，再著誰與小生分剖，必索做一箇道理，方可救得小生一命。」

《鐵拐李》二【滾繡毬】：「你必索迎門兒接紙錢，又索隨靈車哭少年。」

《博望燒屯》一【混江龍】白：「既然一年三訪，此人誠心，我必索與他相見咱。」

必索，謂必須、必得。清·劉淇《助字辨略》卷五謂「必」爲「決定之辭」。又舉李義山《即目》詩：「單棲應分定，辭疾索誰憂」，釋云：「此索字，猶須也。索誰憂，猶云要須誰憂」也。

必赤赤

畢徹赤

《射柳捶丸》三、白：「必赤赤懷揣著文簿，赤五色石手駕著蒼鷹。」

《流星馬》二【醉春風】：「畢徹赤把體面。」

必赤赤，蒙語，又譯畢徹赤，主管文書的官吏。《元史·百官志一》：「中書省掾（yuàn）屬：怯里馬赤四人，蒙古必闍（shé）赤二十二人，玉典赤四

十一人。」明・火源潔《華夷譯語》云：「吏曰必闍赤。」宋・彭大雅、徐霆《黑韃事略》：「韃人無相之稱，只稱之曰必徹徹者，漢語令史也，使之主行文書爾，又如管文書，則曰必徹徹。」按：必闍赤，即必赤赤；必徹徹，即必徹赤。

必丟不搭

必丟疋搭　必丟僕答　必溜不剌　必律不剌　必力不剌　劈溜撲剌　劈丟撲搭

《謝天香》三【醉太平】：「我不該必丟不搭口內失尊卑。」

《黑旋風》二【油葫蘆】：「我這裏七留七林行，他那裏必丟不搭說。」

《虎頭牌》一【油葫蘆】：「口角又劈丟撲搭的噴。」

《救孝子》二【滾繡毬】白：「老弟子說詞因，兩片嘴必溜不剌瀉馬屁眼也似的。」

《勘頭巾》二、白：「他口裏必律不剌說了半日，我不省的一句。」

《灰闌記》二【逍遙樂】白：「這婦人會說話，想是個久慣打官司的；口裏必力不剌說上許多，我一些也不懂的。」

《殺狗勸夫》二【叨叨令】：「越惹他必丟疋搭的嚮罵兒這一場撲騰騰氣。」

《延安府》二【尾聲】白：「說言語必丟僕答。」（《十探子》劇作「必丟撲答」。）

《陳州糶米》三、白：「又不曾吃個，怎麼兩片口裏劈溜撲剌的。」

「必丟不搭」等，只記聲音，本無定字，是民間口語的特色。清・翟灝《通俗編・聲音・必律不剌》：「煩言聲也，見《元曲選》孫仲章《勘頭巾》劇；又李行道《灰闌記》作必力八（不）剌。」作爲擬聲詞，以「發聲音」出之爲「必丟不搭」；以「送氣音」出之爲「劈丟撲搭」：形容說話聲、噴哺聲等。現在口語中仍有此用法，如謂劈歷叭拉，亦猶此義。或作必流不剌，如明・無名氏雜劇《李雲卿》二：「憑著我這箇嘴頭子必流不剌的，頂名兒也衝他些酒肉喫。」或作嗶哩礡喇，如明人小說《金瓶梅》第十八回：「我到不言語，你只顧嘴頭子嗶哩礡喇的。」等等，皆其例也。

有時也形容牲口行踏在路上的聲音，如《貶黃州》二折：「騎著疋慢騰騰瘦蹇必等不答踐。」或形容走在淤泥中的聲音，如《魔合羅》一折：「怎當他乞紐忽濃的泥，更和他疋丟撲搭的淤。」

畢罷

撇罷

《蝴蝶夢》三【端正好】：「眼睜睜死限相隨，指望待爲官爲相身榮貴，今日個畢罷了名和利。」

《西廂記》三本三折【折桂令】：「打疊起嗟呀，畢罷了牽挂，收拾了憂愁，準備著撐達。」

《風光好》四【耍孩兒】「畢罷了綵筆題詩，再不向泥金扇底歌新曲，白玉堂前舞柘枝。」

《揚州夢》四【鴛鴦煞】：「畢罷了雪月風花，醫可了游蕩疏狂病。」

元刊《替殺妻》二【正宮端正好】：「撇罷了腹中愁，則今打迭起心頭悶。」

《太平樂府》卷六鄧學可散套【端正好·樂道】：「撇罷了是和非，拂掉了爭和鬭。」

畢罷，有完畢、停止、結束、拋棄、擺脫等意。畢，一作撇，通用。

畢月烏

《太平樂府》卷九睢景臣散套【般涉調哨遍·高祖還鄉】：「一面旗紅曲連，打著箇畢月烏。」

畢月烏，傳說中的二十八宿之一。元代「外仗」中，「畢宿旗」在二十八宿前隊鬼、觜兩宿旗之後。「柳宿旗」居右，「畢宿旗」居左，旗後各有五個執盾的人相從。「外仗」中的「畢宿旗」上面的圖像是：「上繪八星，下繪烏。」因爲是皇帝出行在外所見，故曲中描寫，均爲「外仗」。或作「閉月烏」，意同。閉、畢雙聲通用。

逼綽（bī chuò）

逼綽子　逼綽刀子

《金線池》三【耍孩兒】：「我爲你逼綽了當官令，煙花簿上除抹了姓名。」

《度柳翠》三【乾荷葉】：「粘著處休熱相偎，逼綽了便是伶俐。」

《昇仙夢》一、白：「斷絕了利鎖名韁，逼綽了酒色財氣。」

《硃砂擔》二【黃鍾尾】：「〔邦老殺正末下科，云：〕一個小後生倒使了我一身汗，我拖在這牆根底下，著這逼綽刀子搜開這牆，阿磕綽我靠倒這牆，遮了這死屍，也與你個好發送。」

《爭報恩》三、白：「被風刮起衣服，露見我這逼綽子。」

同上：「您兄弟挈著逼綽子奔將出來，不想那逼綽子抹破了姐夫臂膊。」

《詞林摘艷》卷一劉庭信小令【水仙子·相思】：「淫心兒逼綽的無些貪。」

上列「逼綽」各例，《金線池》、《度柳翠》、《昇仙夢》、《摘艷》中的「逼綽」，均爲斷絕、擺脫之意，即一刀兩段之謂。隨身攜帶的刀子亦名「逼綽子」或「逼綽刀子」。刀子，用爲斬截、割斷之具。明·無名氏雜劇《臨潼鬭寶》二：「逼綽的刀法狂。」曰刀法，則斬截斷物之意甚明，反過來比喻和酒色財氣一刀兩段，亦正合拍也。

碧紗廚

碧紗幮

《玉鏡台》二【煞尾】：「到夏來追凉院、近水庭，碧紗廚、綠窗淨，針穿珠、扇撲螢。」

《西廂記》四本一折《寄生草》：「今宵同會碧紗廚，何時重解香羅帶？」

《東牆記》一【幺篇】：「你道是阻東牆難會碧紗廚，似俺這乾荷葉那討靈犀潤？」

《醉寫赤壁賦》楔【仙呂賞花時】：「每日家醉臥碧紗幮。」

碧紗廚，即綠紗帳狀似櫥形者。此寢具古早有之：唐·王建《贈王處士》詩：「青山掩障碧紗廚」；宋·李清照【醉花陰】詞：「玉枕紗廚，半夜凉初透」，

是也。廚，一作嶹，音意同。司空圖《王官》詩：「盡日無人只高臥，一雙白鳥隔紗廚。」（白鳥，指蚊蟲）

碧桃花下

《西廂記》一本三折【尾】：「再不向青瑣闥夢兒中尋，則去那碧桃花樹兒下等。」

《勘頭巾》三【金菊香】白：「是好！是好！一了説：『碧桃花下死，做鬼也風流。』」

《紅梨花》二【採茶歌】：「俺從那期程，伴著這書生，直吃的碧桃花下月三更。」

《倩女離魂》一【賺煞】：「不爭把瓊姬棄卻，比及盼子高來到，早辜負了碧桃花下鳳鸞交。」

《金錢記》四【水仙子】：「他待生拆開碧桃花下鳳鸞交，火燒了俺白玉樓頭翡翠巢。」

《金安壽》二【採茶歌】：「你著我戲仙瓢，過金橋，怎肯生拆散碧桃花下鳳鸞交？」

《詞林摘艷》卷一劉庭信小令【寨兒令・戒漂蕩】：「在碧桃花下成雙，勝芙蓉帳底乘涼。」

　　碧桃花下，元劇常用這幾個字，表示男女幽會的場所，故有「碧桃花下鳳鸞交」、「碧桃花下死，做鬼也風流」這類成語。其來源似是依據劉晨、阮肇誤入桃源遇仙女的故事而來。

弊倖

弊行

《氣英布》二【哭皇天】：「這其間都是你隨何、隨何弊倖。」

《豫讓吞炭》二【倘秀才】：「你如何要整隊伍，出軍營，做的箇弊倖。」

《鴛鴦被》三【聖藥王】：「他使弊倖，使氣性，見無錢踏著陌兒行，推我在這陷人坑。」

《詞林摘艷》卷九鄭德輝散套【醉花陰・行李蕭蕭倦修整】：「沒揣地吁一聲，恨似雷霆，猛可的諕一驚，去了魂靈，這的是俺娘的弊行。」

奸僞之事曰弊。弊倖，即作弊以圖徼倖之意。凡設計陷人、營私舞弊，均謂之弊倖。弊行，同「弊倖」；唐、宋、元各代，行爲之《行》每寫作「倖」。

壁衣

《望江亭》一、白：「你壁衣後頭趖著。」

《忍字記》二【紅芍藥】：「把姦夫親向壁衣拿。」

《紫雲庭》二【三煞】：「教我這裏恨無地縫藏身體，這番早則難云床頭揭壁衣。」

《黃鶴樓》三、白：「英雄甲士，暗藏在壁衣之後。」

壁衣，指裝飾牆壁的絲織物，是古時官署或貴族公館的豪華粧飾；唐・岑參《玉門關蓋將軍歌》：「織成壁衣花氍毹，燈前侍婢瀉玉壺。」

壁聽

《生金閣》二【金蕉葉】：「是誰人村聲潑嗓，他壁聽在門兒外廂。」

《爭報恩》二【迎仙客】：「你則道我不肯將門開，多管是你壁聽在這窗兒外。」

壁聽，「壁後聽之」之省語，謂偷聽；成語所謂「隔牆須有耳，窗外豈無人」，是也。宋・劉義慶《世說新語・文學》：「母王夫人在壁後聽之。」

壁上泥皮
牆上泥皮

《秋胡戲妻》二【滾繡毬】：「常言道：『婦媳是壁上泥皮。』」

元刊本《楚昭公》四【折桂令】：「我則道你趁橫波一去無消息，可正是堂上糟糠，休猜做牆上泥皮。」

《劉弘嫁婢》二【三煞】：「莫把這堂中珍寶，你可休看承做牆上泥皮。」

《神奴兒》一【柳葉兒】：「在那裏別尋一箇同胞兄弟，媳婦兒是牆上泥皮。」

壁上泥皮，是封建社會輕視婦女的說法。泥皮，剝落了可以重塗，比喻妻子去了還可以再娶。壁，一作「牆」，意同。朱居易把「壁上泥皮」迻解作「媳婦」（見朱居易《元劇俗言方言例釋》），誤。

避乖

《裴度還帶》一【油葫蘆】：「我則待安樂窩中且避乖，急奈我便時未來。」

《金安壽》四【唐兀歹】：「安樂窠修真好避乖。」

《王粲登樓》二【滾繡毬】：「因此上安樂窩中且避乖，倒大來悠哉！」

《存孝打虎》一【鵲踏枝】：「因此上萬乘君向西蜀避乖，誰曾見這一場興衰。」

乖，乖戾，不和諧、不和好之意。避乖，即躲避人我是非，有退隱、與世無爭的意思。

避乖龍

《單鞭奪槊》三【聖藥王】：「這一個鎗去疾，那一個鞭下的猛，半空中起了一個避乖龍。」

《薦福碑》四【落梅風】：「當日個薦福碑，多謝你老禪師倒賠了紙墨，不想那避乖龍肯分的去碑上起，可早霹靂做粉零麻碎。」

《陳摶高臥》一【金盞兒】：「到這戌字上主冠帶，水成形，火長生，避乖龍大小運今年併。」

避乖龍，神話傳說，乖龍因苦於行雨而到處藏避，因被稱為避乖龍；以上各例，一例用「避」義，二、三例用作「龍」的代稱。宋·孫光憲《北夢瑣言》：「乖龍苦行雨，多竄匿古木中及簷楹內，雷神捕之。」宋·黃休復《茆亭客話》：「世傳乖龍者，苦於行雨而多方竄匿。藏人身中，或在古木楹柱之內，及樓閣鴟薨中，為雷神捕之。」唐·韓愈《答道士寄樹雞》詩：「煩君自入華陽洞，直割乖龍左耳來。」

邊廂

《哭存孝》一【混江龍】白：「你見兩邊廂扶持著呵，十分的醉了也。」

《誶范叔》二【牧羊關】：「只見一條沉鐵索當前面，兩束粗荊棍在邊廂。」

《灰闌記》二【後庭花】：「則聽的耳邊廂大呼小叫。」

《盆兒鬼》四【滾繡毬】：「兩邊廂擺列著勢劍銅鍘。」

《村樂堂》三【幺篇】白：「怎麼你走到我身邊廂？」

邊廂，方位詞；兩旁曰邊曰廂，即旁邊的意思。明·湯顯祖《牡丹亭·僕偵》：「聽的邊廂人說，道婆為事走了。」或作邊廂、邊廂裏，義並同。

邊徼
邊屆

《澠池會》四【殿前歡】：「見如今偏邦豈敢侵邊徼？」

《看錢奴》二【正宮端正好】：「似這等凍雲萬里無邊屆。」

梅鼎祚《玉合記》27【七娘子】：「油幢畫戟營邊徼，看秋煙遍傳千灶。」

邊徼（jiào），謂邊界。元·陶宗儀《輟耕錄》卷一：「藉鄙狠者伴食於廟堂，任反側者失兵於邊徼。」一作邊屆，音近意同。明·阮大鋮《燕子箋·防胡》：「立功邊徼。」皆其例。

編捏
捏

《兩世姻緣》二【金菊香】：「信口裏小曲兒編捏成。」

《詞林摘艷》卷七喬夢符散套【集賢賓·隔紗窗日高花弄影】：「酒席間小曲兒編捏成。」（亦見《盛世新聲》。）

《雍熙樂府》卷十七汪元亨小令【醉太平·警世】：「但新詞雅曲閒編捏。」

《盛世新聲》亥集小令【醉太平】：「能吹彈，能編捏，能歌唱。」

《詞林摘艷》卷三胡用和散套【中呂粉蝶兒·題金陵景】：谷子敬慣
　　捏梨園新樂章。」

編捏，或簡作捏，謂製作、撰寫。《玉壺春》二：「善吟詠，會波浪，能
譔梨園新樂章」，與上舉《摘艷》例：「慣捏梨園新樂章」，句意正同，可證。
「捏」，或作「捻」，《董西廂》卷一：「怕曲兒捻到風流處。」明·賈仲明《錄
鬼簿續編》稱關漢卿爲「捻雜劇班頭」，皆其例。

　　捏、捻雙聲通用。

便

　　便：一謂縱使、即使；二猶「即」、「就」；三猶「豈」；四用作襯詞，無
義。

（一）

《楚昭公》一【天下樂】詩云：「楚昭公十分氣賭，恰待要將咱釁鼓；
　　便不怕堂堂使臣，也提防伍家盟府。」

《薦福碑》四【水仙子】：「便道你揚州牧，能意氣，我則怕又做了
　　死病難醫。」

《老生兒》二【滾繡毬】：「你便苦志，爭似那勤學？」

《介子推》三【醉春風】：「我便有那論邦辯國的巧舌國，則不如粧
　　做個啞、啞、啞、啞。」

《東堂老》二【煞尾】：「便有那人家謊後生，都似你這個腌臢澄短
　　命。」

《謝金吾》一【村裏迓鼓】白：「你便就長出些個鬍子來，我也不理
　　你，你去！」

　　上舉各「便」字，意爲縱使、即使；多用於開合呼應句，先把意思推開
一層，然後一轉，落到筆者肯定的看法上。劉淇《助字辨略》卷四：「便，假
令之辭，猶云縱也。」杜甫《送鄭十八虔貶台州司戶關爲面別》詩：「便與先
生應永訣，九重泉路盡交期。」陸叡【瑞鶴仙】詞：「便行雲都不歸來，也合
寄將音信。」《桃花扇》二十二齣：「便等他三年，便等他十年，便等他一百
年，只不嫁田仰。」皆其例。

（二）

《梧桐雨》楔【仙呂端正好】：「則爲你不曾建甚奇功，便教你做元輔，滿朝中都指斥鑾輿。」

《西廂記》二本楔子、白：「不爭便送來，一來父服在身，二來於軍不利。」

《神奴兒》一【油葫蘆】：「你但有酒後，便特故裏來俺這裏。」

上舉「便」字，猶「即」，猶「就」。劉淇《助字辨略》卷四：「便，即也，《莊子・達生》：『善游者數能；若夫沒人，則未嘗見舟而便操之者也。』《世說》：『至便問徐孺子所在。』鍾嶸《詩品》：『預此宗流，便稱才子。』」是知「便」用作「即」，先秦就有了。杜甫《聞官軍收河南河北》：「即從巴峽穿巫峽，便下襄陽向洛陽。」「便」字亦「即」意也。

（三）

《董西廂》卷三【高平調・木蘭花】：「侵晨等到合昏簡，不曾湯箇水米，便不饑殺卑末？」

又同書卷四【中呂調・鶻打兔】：「俺父親居廊廟，宰天下，存忠孝，妾守閨門，些兒恁地，便不辱累先考？」

又同書卷六【般涉般・尾】：「便不辱你爺？便不羞見我？」

又同書卷八【雙調・文如錦】：「姑舅做親，便不敗壞風俗？」

《東堂老》三、白：「你當初也是做人的來，你也曾照顧我來，我便下的要你作傭工還舊帳！」

以上各「便」字，猶「豈」也；用作助詞，表示反詰，常與否定詞「不」連用。凡云「便不」，即謂「豈不」。宋・文同《可笑》詩：「若無書籍兼圖畫，便不教人白髮生？」亦其例。

（四）

《哭存孝》二【菩薩梁州】：「聽言罷著我去了三魂，可知道阿者便懷愁忿。」

又同劇三【堯民歌】：「他把一條紫金梁生砍做兩三截，阿者休波，是他便那裏每分說！」

《陳母教子》一【後庭花】：「您常好是不尋常，您娘便非干偏向，
人前面硬主張。」

疑爲襯字「可便」之省略，只起調節音節作用，不爲義。

按「便」字用法很多，除以上所舉外，再例如：《董西廂》卷二【中呂調·
吞捉蛇】：「手親眼便難擒捉。」此「便」字爲「準」意，「眼便」就是眼看的
準。《醉寫赤壁賦》一：「不肯去蘭省一朝登北闕，便想這茅廬三顧到南陽。」
此「便」是僅辭，「只」的意思。《舉案齊眉》一、白：「小姐，你便喜歡，則
（只）是梅香苦惱。」此「便」字，相當於「可」字，爲加重語氣之詞。《博
望燒屯》一：「我則待日高三丈我便朦頭睡，一任教烏兔走東西。」此「便」
字，相當「還」字，仍舊、依然之意。

便索

《西廂記》二本三折【離亭宴帶歇指煞】白：「既然夫人不與，小
生何慕金帛之色！卻不道『書中自有顏如玉』。則今日便索告辭。」

《介子推》二【牧羊關】：「若不教太子短劍下身亡，微臣便索金瓜
下命休。」

《鎖魔鏡》一【金盞兒】白：「吾神也不敢久停，便索回西川去也。」

《雍熙樂府》卷十九【小桃紅·西廂百詠】十九：「故人書寄到轅門，
看了心生憤，便索離營救危困。」

便索，就須、就要。

便當

《㑳梅香》楔【幺篇】白：「秀才，休住旅店中去，就向後花園中萬
卷堂上安歇呵，可也便當。」

《西遊記》四本十五齣【尾】白：「他分付著我來他家做女婿，我尋
思來，也好，強如洞裏茶飯不便當。」

便當，謂便利、方便。《元典章》：「額外令試驗人員，在地方侍闕，侵官
蠹民，實于公私兩不便當。」《老殘遊記》第十六回：「單身人過河，很便當
的。」「便當」云云，意均同此。當，今口語中讀輕音。

便做

便做道　便則道　便做到

《董西廂》卷一【中呂調・尾】：「儻或明日見他時分，把可憎的媚臉兒飽看了一頓，便做受了這恓惶也正本。」

又同劇卷四【雙調・尾】：「解元聽分辯，你便做搜慌，敢不開眼？」

《小尉遲》三【紫花兒序】：「便做有銅鑄就的天靈，和那鐵背脊，鞭著處粉零麻碎。」

《西廂記》二本四折【綿搭絮】：「便做道十二巫峰，他也曾賦高唐來夢中。」

《燕青博魚》二【後庭花】：「我割捨的發會村，怒吽吽使會狠，便做道佛世尊，這回家也怎地忍？」

《兒女團圓》三【柳葉兒】：「便則道腸裏出來腸裏熱，怎生把俺來全不借？」

《貶黃州》四【水仙子】：「便做到達人知命，君子務本，也則索十謁朱門。」

便做，謂即使、縱使，多用於假設口氣。宋・秦觀【江城子】詞：「便做春江都是淚，流不盡許多愁。」或作便做道、便則道、便做到，義並同；做、則一聲之轉；「到」為「道」的同音假借字，「是」的意思。

便好道

《謝天香》一【金盞兒】白：「老夫欲待留賢弟，在此盤桓數日，便好道：『大丈夫當以功名為念』，因此不好留得。」

《救孝子》四、白：「便好道：『人命關天』，我賺他畫了這個字，殺了他孩兒，便是我殺了他。外郎也！你便會做這些好勾當，我去不的。」

《魔合羅》一【金盞兒】白：「你知道我是甚麼人，便好道：『畫虎畫皮難畫骨，知人知面不知心。』」

《金錢記》三【滿庭芳】白：「便好道：『君子不重則不威』，枉了你窮九經、三史、諸子百家。」

《東堂老》一、白：「便好道：『知子莫過父』，信有之也。」

又同劇一【幺篇】白：「便好道：『坐吃山空，立吃地陷』；又道是：『家有千貫，不如日進分文。』您孩兒想來，原是舊商賈人家，如今待要合人做些買賣去。」

《桃花女》楔：「〔周公做算科，云：〕乾坎艮震巽離坤兌。〔做拍桌科，云：〕嗨！便好道：『陰陽不順人情』，我說則說，你休煩惱，你那兒子注著壽夭。」

又同劇楔、白：「婆婆，便好道：『陰陽不可信，信了一肚悶』，你小大哥那裏便犯這般橫禍，你信他怎的！」

《神奴兒》一【油葫蘆】白：「哥哥，便好道：『老米飯捏殺也不成團』，咱可也難在一處住了。似這般炒鬧，不如把家私分開了罷！」

　　便好道，在引證成語、古語或熟語時常使用之；意謂常言說的好、恰好說、有道是。

表子
表

《曲江池》二【商調尚京馬】：「也則俺一時間錯被鬼魂迷，是瞻表子平生落得的。」

又同劇一【寄生草】白：「這一個是他妹子劉桃花，就是散表。」

《羅李郎》三【商調金菊香】：「往常時秦樓謝館飲金卮，柳陌花街占表子。」

《百花亭》二【醉春風】白：「咱費了多少錢財，賠了多少工夫，占的這個表子。」

又同劇三【商調集賢賓】：「若論粧孤苦（苫）表，俺端的奪了第一。」

《太平樂府》卷九睢玄明散套【耍孩兒·詠鼓】：「排場上表子偷睛望。」

　　表子，簡作表，謂妓女，亦指外室、姘頭、情婦。明·周祈《名義考》：「倡伎俗謂曰表子，私倡者曰及老。『表』對『裏』之稱，表子，猶言外婦。」

　　或作婊子，如《清平山堂話本·錯認屍》：「這箇小婊子肯嫁與人否？」

　　或作俵子，如《今古奇觀·逞錢多白丁橫帶》：「把轎去教坊裏請了幾箇有名

俫子前來陪侍，賓主盡歡。」元・陶宗儀《輟耕錄》載俞俊詩聯中，「表子」又作「表梓」。《輟耕錄》又作「脿子」，如云：「脿子，賤娼濫婦之稱。」按嬭子、俫子、表梓、脿子，音義均同「表子」。

表白

表白，有念誦、說明、表彰等義。

（一）

《玉壺春》二【四塊玉】白：「待妾身表白這一首【玉壺春】詞。」

《倩女離魂》三：「〔正末做寫書科，云：〕寫就了也，我表白一遍咱。」

《竹葉舟》一：「〔陳季卿做寫科，云：〕長老，待小生表白與你聽者！」

上舉「表白」，意為唸誦、朗讀。《水滸》第四回：「表白宣疏已罷，行童引魯達到法座下」，亦其例。

（二）

《周公攝政》三【禿廝兒】：「願君臣表白臣所為，免令的小民每猜疑。」

《倩女離魂》三【二煞】：「望他來，表白我真誠意，半年甘分馱疾病，鎮日無心掃黛眉。」

以上「表白」，意為說明、表示。明・湯顯祖《牡丹亭・冥誓》：「小生燒的香到哩。姐姐，你好歹表白一些兒。」

（三）

《竇娥冤》四【鴛鴦煞尾】白：「〔詞云：〕昔于公曾表白東海孝婦，果然是感召得靈雨如泉。」

上舉「表白」，意為表彰、昭雪。

表記

《風光好》二【牧羊關】白：「則怕你日後不取我呵，被人笑恥，有何表記的物件與我，可為憑信。」

《留鞋記》二【呆骨朵】白：「我若是不與他些表記，則道俺不曾來此；我把這香羅帕包著一隻繡鞋兒，放在他懷中，以爲表記，有何不可。」

又同劇三【百榴花】白：「眼見得這繡鞋是與他做表記了。」

《金錢記》一【金盞兒】白：「待要與他些甚東西爲信物，身邊諸事皆無，只有『開元通寶』金錢五十文，與他爲表記。」

表記，謂信物、紀念品，主要是指男女情人之間互相贈送借以取信的證物，上舉諸例屬之。有時也指一般憑據、證物，如《京本通俗小說·菩薩蠻》：「郡王道：『先前他許供養你一家，有甚表記爲證？』」總之，這兩者性質均屬信物。有時由名詞轉爲動詞用，如明·無名氏雜劇《東籬賞菊》四：「我則待傳布家聲，表記門庭。」此「表記」，爲光耀之意。

表裏

表裏：一指外內；二指衣料或一般禮物。

（一）

《陳摶高臥》一【油葫蘆】白：「只消數言之間，包羅古今上下，參透陰陽表裏。」

《太平樂府》卷四徐甜齋小令【普天樂·垂虹夜月】：「樓臺遠近，乾坤表裏，江漢西東。」

表裏，謂外內，表指外，裏指內。《左傳》僖公二十八年：「若其不捷，表裏山河，必無害也。」杜預注：「晉國外河而內山。」《管子·必術下》：「表裏遂通。」《荀子·禮論》：「相爲內外表裏。」《史記·李斯傳》：「事無表裏。」揚雄《法言·重黎》：「或問聖人表裏，曰：威儀文辭，表也；德行忠信，裏也。」注：「表裏，內外，」劉宋·鮑照《代結客少年場行》詩：「升高臨四關，表裏望皇州。」《宣和遺事》元集：「京、汴表裏相濟。」

（二）

《秋胡戲妻》二、白：「如今將著羊酒表裏，取梅英去。」

《莊周夢》二、白：「我想來莊周是箇白衣人，楚威王將重表裏，取他爲官。」

《降桑椹》五【太平令】白：「眾員外都賜表裏。」

《獨角牛》三、白：「若是今年無對手呵，銀碗花紅表裏段匹，都是他的。」

表裏，這裏主要指做衣服的面子和裏子的衣料，均指送人的禮物。《水滸》第四回：「趙員外取出銀錠、表裏、信香，向法座前禮拜了。」又同書第十三回：「梁中書叫取兩錠白銀，兩副表裏來賞賜二人。」皆其例。《紅樓夢》第七回作「表禮」，如云：「看見鳳姐初見秦鍾，並未備得表禮來。」表禮，音義同「表裏」。

表德

表得　清德　盛德

《曲江池》一【寄生草】白：「小生姓鄭，表德元和，滎陽人氏。」

《劉弘嫁婢》一【醉中天】白：「小大哥，你那清德喚做甚麼？」

《隔江鬬智》二、白：「在下官名是劉封，表德喚做眞油嘴。」

《陽春白雪》後集卷三劉時中散套【端正好·上高監司二】：「旋將表得官名相體呼，聲音多廝稱，字樣不尋俗。聽我一個個細數：糶米的喚『子良』，賣肉的呼『仲甫』，做皮的是『仲才』、『邦輔』，喚『清之』必定開沽。賣油的喚『仲明』，賣鹽的稱『土魯』。號『從簡』是彩帛行鋪，字『敬先』是魚鮓之徒。開張賣飯的呼『君寶』，磨麵登籮底叫『得夫』。何足云乎！」（按文中所舉，皆指字或號。）

《卓文君》二【金焦葉】：「〔童云：〕敢問先生高姓？〔正云：〕小生草茅，複姓司馬。〔童云：〕敢問盛德。〔正云：〕朋友所稱，相如二字。」

表德，即名字或綽號的通稱；漢·班固《白虎通義》：「人所以有字何？所以冠德明功，敬成人也。」隋·顏之推《顏氏家訓·風操》云：「古者，名以正體，字以表德。」宋·蘇軾【減字木蘭花·贈勝之】：「表德元來是勝之。」表德，本專指「字」而言，故亦稱「表字」。後來遞相沿用，「名」、「字」和「綽號」，就濫用不分了。表得、清德、盛德，義同表德。

憋（biē）

撇　閉　別

憋，氣不舒也；引申之謂固執。

（一）

《玉鏡臺》四【駐馬聽】：「偏不肯好頭好面到成都，憋的我沒牙沒口題橋柱。」

《盆兒鬼》三【聖藥王】：「他可便走到這壁，俺可便趕到那壁，憋得俺渾身上下汗淋漓。哎喲！恰好是一夜不曾尿。」

《爭報恩》楔、白：「他會這閉氣法，但做了虧心的事，他便使這閉氣法詐死了。」

《太平樂府》卷九無名氏散套【耍孩兒‧拘刷行院】：「白珠玉別得他渾身拙汗流。」

憋，氣不舒之謂，如「憋氣」、「堵氣」是也。或作「閉」、「別」，音義同。按「閉」，《廣韻》：「方結切，音鼈，塞也，俗書作閉。」別，為「憋」的同音假借字。

（二）

《董西廂》卷二【般涉調‧麻婆子】：「大師頻頻勸：『先生好性撇，眾人都煩惱，偏你怎歡悅。』」

《豫讓吞炭》三【絡絲娘】：「這憋豫讓更別無甚別話。」

《盛世新聲》【南呂一枝花‧天不生仲尼】：「想當日那踰垣而走的其實憋，公孫弘飲鴆而亡則是呆。」（亦見《詞林摘艷》卷八。）

以上各例，意謂固執，是「憋」的引申義。《陳州糶米》劇中敢與貪官作鬥爭之農民張憋古，取名憋古，亦言其性格固執、頑強，與以上各例義同。憋，或作撇，因音形相近而誤。

憋懆

憋懆　憋懆　憋躁　驚懆　噘懆　撇皂

憋懆：一謂煩惱痛苦；二謂凶狠；三謂攪擾糾纏。

（一）

《董西廂》卷八【黃鍾宮・黃鶯兒】：「憋懆憋懆，似此活得，也惹人恥笑。」

《連環計》二【梁州第七】：「憋懆的我渾如癡掙，直似風顛，恰便似悶弓兒在心下熬煎，快刀兒腹內盤旋。」

《陽春白雪》後一貫酸齋小令【小梁州】：「氣的我心下焦，空憋懆。」（《元人小令集》載此曲作「憋躁」。）

《飛刀對箭》一【那吒令】：「我這裏見父親煩煩惱惱。〔卜兒云：〕老的，休打孩兒，且饒過這一遭者。〔正末唱：〕母親那裏勸著，俺父親也憋憋懆懆。」

憋懆，或作憋懆、憋懆、憋躁，重言之則作憋憋懆懆，意謂煩惱痛苦。懆、躁，應從「懆」，同音假借。

（二）

《劉知遠諸宮調》十一【高平調・賀新郎】：「洪信和洪義好憋懆，引兩個妻兒盡總來到。」

《三奪槊》二【鬥鵪鶉】：「不用呂望六韜、黃公三略，但征敵處操抱，相持處憋懆。」

《盆兒鬼》四【紅繡鞋】白：「只要分付那憋憋懆懆狠門神，休當住，咱叮叮噹噹盆兒鬼。」

以上各例憋懆、憋懆、憋憋懆懆，形容凶狠貌，與暴躁意近。憋、憋，均爲「憋」之同音借用字。

（三）

《忍字記》一【金盞兒】：「可怎生洗不下，擦不起，揩不掉？這和尚故將人來撇皂，直寫的來恁般牢。」

撇皂，爲「憋懆」之借用字，意謂攪擾糾纏。

別

別：一謂離別、分離；二猶「另」；三猶「勿」，猶「莫」，不要之意；四謂特別、兩樣、與眾不同；五謂辨別；六用爲假借字。

（一）

《虎頭牌》一【醉中天】：「一自別來五六春，數載家無音信。」

《張天師》一【醉中天】白：「秀才，你牢記者！妾身此一相別，直到來年八月十五日，再與秀才相見。」

分離曰別。《文選》江淹《別賦》：「黯然銷魂者，惟別而已矣。」

（二）

《救風塵》一【村裏迓鼓】：「你如今年紀小哩，我與你慢慢的別尋個姻配。」

《玉鏡臺》一【賺煞尾】：「畫堂中別是風光。」

《救孝子》楔、白：「別著個人送去也好。」

《瀟湘雨》三【四門子】：「尋著他指望成眷屬，他別娶了妻道我是奴，我委實的銜冤負屈。」

《來生債》四【得勝令】：「這裏可敢別是一重天。」

上舉之「別」，猶「另」也。《史記‧高帝紀》：「使沛公項羽別攻城陽。」南唐‧李煜【相見歡】詞：「別是一般滋味在心頭。」均爲「另」意。

（三）

《哭存孝》一【尾聲】：「別近謗俺夫妻每甚的，止不過發盡兒掏窩不姓李。」

《太平樂府》卷七周仲彬散套【鬭鵪鶉‧自悟】：「問甚鹿道做馬，鳳喚做雞，葫蘆今後大家提，別辨是和非。」

上舉之「別」，猶「勿」，猶「莫」，不要之意。《紅樓夢》第三回：「別放你娘的屁了」，亦其例。現在北京話還有此用法。

（四）

《董西廂》卷七【雙調‧文如錦】：「外貌即不中，骨氣較別。」

《謝天香》一【金盞兒】白：「不妨事，哥哥待我較別哩。」

《虎頭牌》二【山石榴】：「往常我便打扮的別，梳粧的善。」

《揚州夢》三【黃鍾尾】：「紅粉佳人配與咱，玉肩相挨手相把，受用全別快活煞。」

上舉「別」字，意爲特別、兩樣、與眾不同。例如說：「骨氣較別」，是說骨氣不同一般；「打扮的別」，是說打扮的別致；如此等等。唐·白居易《楊柳枝二十韻》：「重重遍頭別，一一拍心知。」

（五）

《三戰呂布》二【駐馬聽】：「怒睜開我這辨風雲、別氣色這一對殺人眸。」

《救孝子》二【二煞】：「許令燒焚，我只道不如生殯，且留著，別冤屈，辨清渾。」

《元人小令集》佚名《失題》三十一首之五：「那其間別個高低。」

上舉之「別」，意謂辨別；例中「別」與「辨」對照，其義益明。《論語·子張》云：「譬諸草木，區以別矣。」北朝樂府民歌《折楊柳歌》：「踉跋黃塵下，然後別雄雌。」

（六）

《趙氏孤兒》三【鴛鴦煞】：「我囑咐你個後死的程嬰，休別了橫亡的趙朔。」

《救孝子》一【醉中天】白：「此子與老身之子，一般看承，則是不別（背）夫主之言。」

《陳州糶米》楔、白：「若不與我呵，就踢就打就揪毛，一交別（絆）番倒，剁上幾腳。」

《太平樂府》卷九無名氏散套【要孩兒·拘刷行院】：「白珠玉別（憋）得他渾身拙汗流。」

以上前兩例，應作「背」，例三應作「絆」，例四應作「憋」，都是雙聲借用字，即今之所謂錯別字也。這類錯別字，隨處可見，如：清平山堂宋話本《快嘴李翠蓮記》：「別轉了臉兒不廝見。」此「別」字亦應作「背」。戲文《宦門子弟錯立身》：「婦女剜了別。」此「別」字即女陰。元本《琵琶記》三十四【二郎神】白：「別些吉凶。」此「別」字即「避」也。

冰雪堂

《裴度還帶》二【梁州】：「冰雪堂凍蘇秦懶謁張儀，藍關下孝韓湘喜遇昌黎。」

《誶范叔》二【牧羊關】：「似這等勘范叔森羅殿，抵多少凍蘇秦冰雪堂。」

《金鳳釵》三【採茶歌】：「將一座冰雪堂翻做敬賓宅，也有春風和氣畫堂開。」

《追韓信》一【鵲踏枝】：「冰雪堂蘇秦凍倒，漏星堂顏子難熬。」

《凍蘇秦》四【川撥棹】：「今日箇駟馬雕輪，公吏每忙跟，兀良脅底下插柴內忍，全不想冰雪堂無事哏。」

《漁樵記》二【朝天子】：「豈不聞自古寒儒，在這冰雪堂何礙？」

破漏不堪、冰封雪蓋的房子，叫冰雪堂，喻寒士所居。

屏牆

稟牆

《蝴蝶夢》二【梁州第七】：「早是怕怖，我向這屏牆邊側耳偷晴覷，誰曾見這官府！」

《勘頭巾》二【牧羊關】白：「張鼎行至稟牆邊，見一個待報的囚人，稱冤叫屈。」

《魔合羅》三【逍遙樂】白：「則見稟牆外，一個待報的犯婦，不知為甚麼，好是淒慘也呵！」

《灰闌記》四、白：「界牌外結繩為欄，屏牆邊畫地成獄。」

《盆兒鬼》四【正宮端正好】：「只待要如律令把賊漢擒拿，誰似這龍圖包老聲名大，俺索向屏牆側偷窺罷。」

舊式建築，在大門內或外正對著正房作為屏障用的短牆，叫做屏牆或稟牆，俗稱影壁或照壁，即古代之蕭牆。在衙門的屏牆，常常用來公布罪犯的判決。唐・劉肅《大唐新語》卷十三「諧謔第二十七」條：「又令嘲屏牆，略曰：『高下八九尺，東西六七步。突兀當廳坐，幾許遮賢路。』」據此知唐代已有屏牆之稱。屏或寫作稟，形近而音義意同。據徐沁君新校元刊本《魔合羅》改「稟」為「東」，是根據《紫雲庭》四折校記「轉過東牆」，誤。

並然

《竇娥冤》一【寄生草】白：「婆婆，你要招你自招，我並然不要女婿。」

《遇上皇》四【收江南】白：「小臣並然不敢，他強招臣爲婿來。」

《襄陽會》楔、白：「貧道幼年間修行辦道，並然不知兵甲之書。」

《金鳳釵》三【牧羊關】：「〔楊云：〕那裏不尋你，殺人賊可在這裏！兀那廝，你怎生殺了我家六兒，偷了銀匙筯，圖財致命？你實說來！〔正末云：〕小生並然不知道！」

《三戰呂布》一、白：「參謀，爭奈俺手下兵微將寡，怎生破的呂布，並然去不的也。」

《延安府》三【醉春風】白：「我做甚麼打死人來，我不跪，並然不干我事！」

並然，謂斷然、絕對。

波

波，用爲語尾助詞或句中襯字，無義；用作估量詞，猶「般」。

（一）

《竇娥冤》一【天下樂】白：「孩兒也，你教我怎生說波？」

又同劇一【一半兒】白：「羞人答答的，教我怎生說波？」

又同劇二【梁州第七】白：「羊膆兒湯做成了，你吃些兒波。」

《黑旋風》一、白：「孔目，你尋了護臂，早些兒來波！」

《紫雲庭》三【十二月】：「哎！不色你把阿那忽那身子兒憫撮，你賣弄你且休波！」

《秋胡戲妻》二【呆骨朵】白：「媳婦，你看去波！」

《殺狗勸夫》一、白：「我這裏看波，可怎生不見孫二來？」

上舉「波」字，用作語尾助詞，無義；相當於現代漢語中的「吧」、「呢」。在宋、元、明時是「罷」字的俗寫，也作「啵」。

（二）

《合汙衫》三【醉春風】：「那捨貧的波眾檀樾，救苦的波觀自在，肯與我做場兒功德散分兒齋。」

《昊天塔》四【得勝令】：「呀！他兄弟每多死少波生。」

《兒女團圓》四【沽美酒】：「哎喲！你再休唗脣波掛齒，現放著一箇正名師。」

《劉弘嫁婢》一【混江龍】：「嗏這人眼前貧波富，可則也則是兀那枕上的這榮枯。」

《來生債》二【上小樓】：「且休論嗏這倉廒波務庫，更和這家私也那無數。」

以上「波」字，用爲句中襯字，放在詞或短語中間，不爲義，但起一定的音節作用。

（三）

脈望館鈔校本《任風子》一【天下樂】：「俺守著麼合羅波好兒天可憐。」

上舉「波」字，用作估量詞，猶「般」，猶云一般、一樣，《元曲選》本作「般」可證。

又「波」指稱謂，如宋・葉寘《愛日齋叢鈔》卷五「林之謙詩：『驚起何波理殘夢。』自注：『述夢中所見何使君。』」

波查

《救孝子》一【混江龍】：「時坎坷受波查，且澆菜且看瓜，且種麥且栽麻。」

《灰闌記》三【古水仙子】：「他他他坑殺人機謀狡猾，你你你是將我這頭面金釵插，我我我因此上受波查。」

《符金錠》楔【仙呂賞花時】白：「符小姐已娶回家，強韓松杠受波查。」

《樂府群珠》卷四【朱履曲・恩愛】：「我爲你擔些兒利害，受了些波查，下場頭雙雙地憔悴殺。」

《詞林摘艷》卷一張鳴善小令【普天樂·詠世】:「老證候正遭逢，業身軀無安插。見一朝有一朝打捱，捱一夜受一夜波查。」

波查，猶「磨折」，謂艱辛。明·徐渭《南詞敘錄》曰:「波查，猶言口舌。北音凡語畢，必以『波查』助詞，故云。」驗諸曲意，恐未確。波查，或作波咤、波喳、波踏、波吒、駁查，如:唐·敦煌變文《大目乾連冥間救母變文》:「那堪聞此波咤苦，其心楚痛鎮懸懸。」明·黃元吉雜劇《流星馬》三:「黃廷道狡佞奸滑，背義走路遠波喳。」明·無名氏《寶光殿》三:「不強似終日受波踏。」明·康海《王蘭卿》四:「有甚的隱約難裁？也不索駁查體勘。」南曲《靈寶刀》十九:「望相公詳察，訴不盡這波吒。」現代口語中，還有「波波雜雜」的說法，波雜即波查。據此，可知「波查」一詞，自唐代至今，均有此用法。

波俏（bō qiào）

《青衫淚》二【滾繡毬】白:「小子金銀又多，又波俏，你不陪我，卻伴那樣人！」

《舉案齊眉》三【鬼三台】詩云:「我兩個有錢有鈔，天生來又波又俏；鬭孟光不得便宜，空惹他傍人一笑。」

波俏，意謂乖巧、伶俐、漂亮。二字可分開用，也可重疊用。明·徐渭《南詞敘錄》:「俏俏，美俊也。」宋·釋普濟《五燈會元》:「眉毛本無用，無渠底波俏？」宋·周密《齊東野語》:「《集韻》曰:庸隙，屋不平也。造勢有曲折者，謂之庸峭。今京師指人之有風致者，亦謂之波峭。雖轉庸為波，亦此義。」清·陳裴之《湘煙小錄》:「齊魏間，以人之有儀矩可喜者，則謂之庸峭，今造屋勢有曲折者曰庸峭，俗又轉語為波峭。」清·惲敬《大雲山房雜記》云:「峭峭即俏俏，好形貌。魏收『逋峭難為』，當從此。」章太炎《新方言·釋言》:「『字林』:庸峭，好形也。今南人言波峭，北人言峭皮。清·段玉裁《說文》注:謂間出者曰庸陵，亦謂物之突兀而出者也。」宋·徐度《卻掃編》:「文潞公問蘇丞相頌曰:魏收有『逋峭難為』之語，何謂？蘇曰:聞之宋元獻公，事見《木經》，蓋梁上小柱名，取有曲折義耳。按『逋峭難為』，溫子昇語，見《北史·文苑傳》。」宋·莊綽《雞肋編》下:「宋祈《筆談》:今造屋有曲者謂之庸峻，齊魏間以人有儀可觀者，謂之庸峭，

蓋庸峻今俗謂之舉折。」總括上述，波俏，又作俌俏、波峭、庸峭、峬峭、
逋峭、庸陗、庸峻等，皆一音之轉。

　　引申上義，波俏有時亦用以形容語言的鋒利，如元本《琵琶記》六【字
字雙】：「說開說合口如刀，波俏」，是也。明・張岱《陶庵夢憶》卷五「柳敬
亭說書」條：「然其口角波俏，眼目流利。」亦可爲證。

波浪

　　波浪，指面容俊俏；或風流、殷勤。

（一）

　　《太平樂府》卷九高安道散套【哨遍・淡行院】：「切駕的波浪上堆
　　著霜雪。」

　　《雍熙樂府》卷十九【小桃紅・西廂百詠】四十六：「著床臥枕在他
　　鄉，針灸都無當，減了風流舊波浪；好難當，瘦得來不似人模樣。」

　　《詞林摘艷》卷四誠齋散套【點絳唇・嬌艷名娃】：「外面兒波浪掙，
　　就裏又心性耍。」

　　《嬌紅記》【碧玉簫】：「波浪兒掙，心腸兒俏。」

綜合以上各例，「波浪」是指「面容」。

（二）

　　柳枝集本《青衫淚》二【滾繡毬】白：「小子金銀又多又波浪，你
　　不陪我，卻伴的那樣人！」

　　脈望館鈔校本《曲江池》四【喬牌兒】：「文質彬彬，掙波浪，怎教
　　人不念想？」

　　《風光好》二【菩薩梁州】：「一劃地疏狂，千般的波浪，諸餘的事
　　行，難道是不理會惜玉憐香？」

　　上舉例一中的「波浪」，元曲選本《青衫淚》作「波俏」，可見「波浪」
猶「波俏」，即美貌之意。可參見「波俏」條。或又作博浪，如《金瓶梅》第
十八回：「自幼乖滑伶俐，風流博浪牢成。」同書第二回：「把眼看那婦人，
也有二十五六年紀，生的十分博浪。」

（三）

《雍熙樂府》卷十九【小桃紅・西廂百詠】六十七：「問紅娘，一一
說到他心上，做了主張，通些波浪，教你去成雙。」

《玉壺春》二【梁州第七】：「論胸襟紀綱，我是寨兒中風月的元戎
將，善吟詠，會波浪，能譔梨園新樂章。」

波浪，殷勤意，專指男女間的情愛。《漢書・司馬相如傳》：「相如乃使
侍人重賜文君侍者，通殷勤。」這是司馬相如表示寄情卓文君女士。《西廂
記》二本一折：「誰肯把針兒將線引，向東鄰通箇慇懃？」這是崔鶯鶯表示
對張生的鍾情。《東牆記》二：「一會家心中自忖，誰與俺通箇殷勤？」這是
董秀表示對馬生的愛慕。據此，并可證「通波浪」即「通殷勤」之意。

後一例，是幫襯的意思，亦表示殷勤之意。「會波浪」，即善于直接出面
逢迎對方，討其高興，與前一例借助別人「通殷勤」稍別。可參閱「幫襯」
條。

波斯

波廝

《緋衣夢》三、白：「爲因老夫滿面虬鬚，貌類色目人，滿朝人皆呼
老夫爲波斯錢大尹。」

《謝天香》楔、白：「莫不是波廝錢大尹麼？」

又同劇一、白：「老夫自幼修髯滿部，軍民識與不識，皆呼爲波廝
錢大尹。」

波斯，古國名，即今伊朗；其國人多大鬍子，故「波斯」遂爲長髯者的
代稱，唐傳奇中常有波斯胡之稱。斯，一作廝，翻譯但取其音，並無定字。
明・無名氏雜劇《下西洋》中的「波斯」，是指僕從人員。

剝地（bō・de）

《漢宮秋》一【油葫蘆】：「今宵畫燭銀臺下，剝地管喜信爆燈花。」

《三奪槊》二【賀新郎】：「昨夜個銀臺上剝地燈花爆。」

剝地，爆裂聲。地，用在詞或詞組之後表明副詞性時，讀如「的（de）」，
輕聲。

博換

撥換

《生金閣》楔、白：「則憑著這生金閣上，也博換得一官半職回來也。」

《霍光鬼諫》三【倘秀才】：「匹配下鸞膠鳳友，博換得堂食御酒。」

《剪髮待賓》四【收江南】：「俺孩兒讀書十載，博換紫朝臣。」

《陳州糶米》二【耍孩兒】：「你可甚劍鋒頭博換來的萬戶侯。」

《隔江鬪智》三：「〔諸葛亮笑科，云：〕你待賺我主公過江，撥換荊州。」

又同劇同折白：「孩兒取玄德公過江來拜見母親，正意只要撥換荊州哩。」

博換，謂換取。博，亦換取之意也。故「博換」實爲一複意詞。博，一作撥，同音假借。

博山銅

劉禹錫詩《泰娘歌》：「妝匳蟲網厚爲繭，博山爐側傾寒灰。」

《金安壽》一【上馬嬌】：「寶篆香裊博山銅。」

《詞林摘艷》卷一劉庭信小令【醉太平・走蘇卿】：「寶香寒，煙斷博山銅。有離愁萬種。」

《陽春白雪》前二白朴小令【蟾宮曲】：「博山銅細裊香風。」

博山銅，即博山銅香爐之簡稱。據漢・劉歆《西京雜記》記載，謂漢朝丁緩始作博山香爐。因之，博山爐亦早見於作品中，如：南朝樂府民歌《讀曲歌》：「歡作沈水香，儂作博山爐。」李白詩：「博山爐中沉香火，香煙一氣凌紫霞。」陶宗儀《輟耕錄》卷四云：「歌兒郭氏順時秀者，唱今樂府，其【折桂令】起句云：『博山銅細裊香風』。」《水滸全傳》第七十二回：「放著一個博山古銅香爐，爐內細細噴出香來。」等皆是。

至於香爐因何以「博山」名之？據宋・呂大防《考古圖》云：「香爐象海中博山，下盤貯湯，使潤氣蒸香，以象海之四環。」按：博山爐，上廣下狹，削成而四方，形象華山，故以得名。不曰華山，而曰博山者，考《韓非子》：

「秦昭王令工施鉤梯上華山，以節柏之心，爲博箭長八尺，棋長八寸，而勒之曰：昭王嘗與天神博於是，故曰博山。」宋·高承《事物紀原·舟車幃幄部·博山》則謂：「《黃帝內傳》，有博山爐，蓋王母遺帝者，蓋其名起於此爾。漢晉以來，盛用於此。」是又一說也。未知孰是。

搏手

搏手兒

《獨角牛》一【油葫蘆】：「都不如我向花桑他兀那樹下學搏手。」

又同劇一【單鴈兒】白：「孩兒忙便罷，若閑呵，我教他幾箇搏手兒。」

《後漢書·龐參傳》：「田疇不能墾闢，禾稼不得收入，搏手困窮，無望來秋。」注：「兩手相搏，言無計也。」曲意本此，謂兩手徒搏，不用器械，爲武技之一。或作撥手，如戲文《張協狀元》二十一齣：「奉饒一個撥手。」

薄劣

懶劣　劣懶　駁劣

薄劣，宋、元時口語。或作懶劣、駁劣，或倒作劣懶。其義有二：一謂惡劣、薄情、討厭；二謂莽撞、粗暴。

（一）

《兒女團圓》二【哭皇天】：「堪恨這兩個薄劣種，現世的不成才。」

《太平樂府》卷六鄭德輝散套【駐馬聽·秋閨】：「草蟲之中無你般薄劣把人焦。」

又同書卷八宋方壺散套【一枝花·蚊蟲】：「妖嬈體態輕，薄劣腰肢細。」

《詞林摘艷》卷二【雙調步步嬌·暗想當年】：「饒均（君）使盡機謀殺，止不過負心的薄劣，夢兒裏見他分說。」

上舉「薄劣」各例，義爲惡劣、薄情、討厭。《東坡志林》卷六：王彭嘗云：『塗巷中小兒薄劣，爲其家所厭苦，輒與錢令聚坐聽說古話。』」這是就小孩的頑皮、討厭而言。亦適用於蚊蟲。例中云「負心的薄劣」，則是指

的成人忘恩負義，寡情少愛。《荊釵記》三十五：「懊恨娘行忒薄劣，拋閃得兩分離在中路裏。」《靈寶刀》三十五：「煞強似負心薄劣。」《長生殿・補恨》：「〔旦淚介〕傷嗟，豈是他頓薄劣！」納蘭性德【東風第一枝】《桃花》詞：「薄劣東風，淒其夜雨，曉來依舊庭院。」皆是也。

（二）

《後庭花》三【雙調新水令】：「憑著我懶劣村沙，誰敢道僥倖姦猾？莫說百姓人家，便是官宦賢達，綽見了包龍圖影兒也怕。」

《黑旋風》二【賺煞尾】：「他若是與時節，萬事無些，不與呵，山兒待放會劣懶。」

《西廂記》二本楔子【耍孩兒】：「我從來駭駭劣劣，世不曾忑忑忐忐，打熬成不厭天生敢。」

毛西河謂：「駭劣，借字聲作爆烈。」錢南揚謂：「駭劣，言其莽戇也。」就是形容人的性格莽撞、粗暴，說作就作。重言之為「駭駭劣劣」，起加強語氣作用。又作「懶劣」又倒文作「劣懶」，音近意並同。

薄怯

薄怯怯　薄薄怯怯

《西廂記》四本四折【落梅花】：「乍孤眠被兒薄又怯。」

《灰闌記》三、白：「空蕩蕩那討一餐？薄怯怯衣裳藍縷。」

《兒女團圓》三【青哥兒】：「我常記的舊年時節，你身子兒薄怯。發著潮熱，他將那錦繃兒繡藉，蓋覆的個重疊。」

《董西廂》卷七【高平調・青玉案】：「薄薄怯怯半張鴛被，冷冷清清地睡。」

薄怯，謂單薄；怯，語助詞，無義，或作薄怯怯，重言之曰薄薄怯怯，怯怯為語助。

薄倖

薄幸　倖　幸

薄倖（幸），或簡作倖（幸）。一謂薄情，二謂薄命，三對所歡之愛稱。

（一）

《兩世姻緣》二【高過隨調煞】：「心事人拔了短籌，有情人太薄倖；
他說道三年來，到如今五載不回程。」

《碧桃花》一【賺煞尾】：「則要你說下言詞有准，休著我爲你個薄
倖王魁告海神。」

《詞林摘艷》卷三無名氏散套【粉蝶兒‧皓月澄澄】：「憑著俺志誠，
休學李勉王魁倖。」

《雲窗夢》三【堯民歌】：「多情多情逢志誠，休學李兔王魁幸。」

唐宋以來，勾欄中「行爲」之「行」，每寫作「倖」，「薄倖」即「薄行」，
亦即「薄情」。宋‧邵雍《落花吟》：「多情惟粉蝶，薄倖是游蜂。」他把多情
反襯薄倖，則薄倖即薄情。唐‧杜牧《遣懷》：「十年一覺揚州夢，贏得青樓
薄倖名。」薄倖亦薄情之意。一作薄幸，見唐‧范攄《雲溪友議》；爲了對仗，
又倒之作倖薄，見宋‧秦觀《記蘇子瞻江南所題詩補遺》：「晞草露如郎倖薄，
亂花飛似妄情多。」《摘艷》簡作倖，《雲窗夢》更簡作幸，意並同。

（二）

《東牆記》二【四煞】：「他是箇異鄉背井飄零客，我便是孤枕獨眠
董秀英，都薄倖：一箇在東牆下煩惱，一箇在錦帳裏傷情。」

薄倖，這裏猶云薄命。或作薄幸，如《水滸全傳》第七十二回：「神仙體
態，薄幸如何消得」，是也。

（三）

《西遊記》四本十三齣【幺】：「薄倖不來，獨倚雕花檻。」

薄倖，這裏用作對所歡者的愛稱，實由薄情一義引申而來，猶云冤家，
詈其情之薄，正見其愛之厚，以反語見意。宋‧張先【菩薩蠻】詞：「闌干移
倚徧，薄倖教人怨。」宋‧歐陽修《蝶戀花》詞：「薄倖辜人終不憤，何時枕
畔分明問？」又秦觀《虞美人》詞：「薄倖不來春老，羞帶宜男草。」各詞「薄
倖」取意，俱用此。

薄藍

薄籃　字蘭　字籃　筝籃　蒲藍

薄藍：一指所持之篋籃；二謂衣服襤褸。

（一）

《謝天香》二【煞尾】：「我正是出了箏籃入了筐，直著咱在羅網。」

《東堂老》三【紅繡鞋】：「今日呵，便擔著孛籃，拽著衣服。」

又同劇三折：「〔揚州奴同旦兒攜薄籃上。〕」

《陳州糶米》二【煞尾】：「敢著他收了蒲藍罷了斗。」

《太平樂府》卷八宋方壺散套【一枝花·妓女】：「將取孛蘭數取梨。」

薄藍，即篾籃；多為蒲柳所編，用以盛物，或為乞丐所持。或作薄籃、孛蘭、孛籃、箏籃、蒲藍，音近意並同。

（二）

《四春園》一：「〔外扮孛老兒薄藍上，云：〕月過十五光明少，人到終年萬事休。」

《合汗衫》三：「〔正末同卜兒薄藍上，云：〕叫化咱！叫化咱！」

張小山小令【寨兒令·收心】：「鬢髮虯珊，身子薄藍，無語似癡憨。」

薄藍，指衣服襤褸。疑為破爛之音轉。一作薄襤，如明·無名氏雜劇《女姑姑》楔子：「〔外扮張端甫薄襤上〕」，是也。

薄支辣

《太平樂府》卷八宋方壺散套【一枝花·蚊蟲】：「瘦零仃腿似竹絲，薄支辣翅如葦煤，快稜憎觜似鋼椎。」

薄支辣，即薄也；支辣，語助詞，無義；元曲辭語中，此類詞頗常見，如支剌、潑剌、擦剌、忽剌、含剌、茨臘等皆是。

薄設設

薄濕濕

《拜月亭》三【笑和尚】：「薄設設衾共枕空舒設。」

《調風月》三【尾】：「閃得我薄設設被窩兒裏冷。」

《雲窗夢》三【哨遍】：「薄設設衾寒枕冷。」

《破窰記》三【十二月】：「又無那暖烘烘的被臥，都是些薄濕濕的衣服。」

薄設設，薄薄的。設設，助詞，無義。一作濕濕，音近通用。

勃騰騰

不騰騰　不登登　不鄧鄧　撲登登　撲鄧鄧

《董西廂》卷二【正宮·甘草子】：「法聰覷了，勃騰騰地無明發。」

《金線池》二《牧羊關》：「我見了他撲鄧鄧火上澆油，恰便似鉤搭住魚腮，箭穿了雁口。」

《伍員吹簫》一【村裏迓鼓】：「按不住我心上惱，口中氣，有不騰騰三千丈。」

《趙氏孤兒》四【迎仙客】：「懶支支惡心煩，勃騰騰生忿怒。」

《灰闌記》三【四門子】：「正是他，見了咱，不鄧鄧嗔生怒發。」

《敬德不伏老》一【油葫蘆】：「惱得咱便不登登按不住心頭忿。」

《殺狗勸夫》三【罵玉郎】：「不登登，按不住殺人性。」

《千里獨行》二【罵玉郎】：「我見他撲登登忿怒難收救。」

勃騰騰，喻怒氣、怒火上昇貌。或作不騰騰、不鄧鄧、不登登、撲登登、撲鄧鄧，皆爲一聲之轉。蓋以「發聲音」呼之，則曰勃騰騰、不鄧鄧；以「送氣音」呼之，則曰撲登登。「騰」爲濁音字，北音呼爲「登」之陽平聲，故也。

卜兒

鴇兒　保兒　謀兒　薄孃　薄麼

卜兒，元劇中角色，扮演老婦人或妓女之假母。

（一）

《竇娥冤》楔、白：「〔卜兒蔡婆上，詩云：〕花有重開日，人無再少年，不須長富貴，安樂是神仙。」

《合汗衫》一、白：「〔卜兒云：〕員外，似這般大雪，真乃是國家祥瑞也。」

《劉弘嫁婢》二【中呂粉蝶兒】白：「〔卜兒云：〕老的，你道的差了。」

宋、元人把「娘」字省寫做奵，又省做卜。卜兒，即老娘、老婦之意，相當於後來戲劇中的老旦。明·徐渭《南詞敘錄》：「老旦曰卜兒。」自注云：「外兒也，省文作卜。」王國維《古劇腳色考》云：「扮老婦者，謂之卜兒。」並謂邦老、孛老、卜兒，皆鮑老一聲之轉。

（二）

《雲窗夢》二、白：「〔卜兒上，云：〕張秀才去了也，我使人喚那茶客去了，這早晚敢待來也。」

又同劇三【二煞】：「都是謀兒誤倒臨川令。」

《金線池》三、白：「那杜家老鴇兒欺侮兄弟也罷了，連蕊娘也欺侮我。」

《太平樂府》卷三無名氏小令【柳營曲·風月擔】：「保兒心雄糾糾，憨丁臉冷搊颶，且將我這風月擔兒收。」

《詞林摘艷》卷一劉庭信小令【醉太平·走蘇卿】：「老卜兒接了鴉青鈔，俊蘇卿受了金花誥，俏雙生披了綠羅袍。」

脈望館鈔校本《曲江池》二【倘秀才】：「我子（只）教孔方兄常富足，老薄孃少熬煎。」

《盛世新聲》寅集【大石青杏子·世事飽諳多】：「也不怕薄麼放牙恰，情知得性格兒從來識下。」

這裏「卜兒」，又作鴇兒、保兒，謀兒、薄孃、薄麼，即妓女之假母。在唐代，妓女的假母又有「爆炭」之稱（見《北里志》），這是卜兒的最早的稱呼。明·朱權《太和正音譜》云：「鴇：妓女之老者曰鴇。鴇似雁而大，無後趾，虎文，喜淫而無厭，諸鳥求之即就，俗呼爲獨豹，今人稱鴇者是也。」王國維《古劇腳色考》說：「《太和正音譜》之鴇，則又卜兒之略云。」說明妓母之稱鴇兒，是出自「卜兒」。「保」、「謀」、「薄」，又均爲「鴇」的同音或音近字。

補代

《老生兒》一【賺煞尾】：「我在這城中住六十年，做富漢三十載，無倒斷則是營生的計策，今日個眼睜睜都與了補代。」

《薛仁貴》二【梧葉兒】：「劉大公家菩薩女，招那莊王二做了補代。」

補代，贅壻之謂。無子之家，招壻依以養老送終，補其世代，故曰補代。北人呼爲倒踏門，俗稱養老女壻。宋·洪邁《夷堅志》：「饒州市隗千三名伯者，淳熙初年，蟶州門裏王小三家，作入舍女壻。」宋·朱翌《猗覺寮雜鈔》：「世號贅壻爲布袋，不解其義。或云如身入布袋，氣不得出也。頃附舟入浙，有同舟者號李布袋。篙入問其說。一人曰：語訛也，謂之補代。人家有女無子，恐世代從此絕，不肯出嫁，招壻以補其世代耳。」《潛居錄》謂：「馮布少時，絕有才幹，其外父有煩瑣事，輒云俾布代之。吳中因謂壻曰布代，後訛爲布袋。」（見宛委山堂本《說郛》內）清·趙翼《陔餘叢考》卷三十八：「俗以贅壻爲布袋。按《天香樓偶得》云：『三餘帖：馮布少時，贅於孫氏。其外舅有瑣事，輒曰：令布代之。』布袋之訛本此。」此亦可備一說，然當以《猗覺寮雜鈔》之說爲準。童伯章注《老生兒》「補代」一詞云：「意蓋有補於後代，故散其財也。」不確。

補完

補圓

《貶夜郎》四【後庭花】：「酬了鶯花志，補完了天地缺。」

《伊尹耕莘》三【滾繡毬】：「展經綸補完天地，盡忠誠心若金石。」

《存孝打虎》一【天下樂】白：「將軍有經綸濟世之才，補完天地之手，是必走一遭去。」

《小張屠》三【煞】：「那爺爺曾撫的社稷安，補圓天地窄。」

補完，謂彌補欠缺，本於女媧以石補天的傳說故事，如《盛世新聲》【粉蝶兒·驕馬金鞭自悠悠】云：「你便有那女媧氏五彩石，補不完離恨天徹上下思量遍。」這裏引申爲挽回世運之義。完，一作圓，音近義同。

不當

不當：一謂不該；二謂不算；三謂不適合。

（一）

《董西廂》卷六【中呂調・尾】：「思量又不當口兒穩，如還抵死的著言支對，教你手托著東牆我直打到肯。」

《漢宮秋》三【七弟兄】：「說甚麼大王，不當，戀王嬙，兀良，怎禁他臨去也回頭望！」

《青衫淚》一【後庭花】白：「好便好，只是不當取擾。」

《西廂記》二本三折【幺篇】：「你那裏休聒，不當一箇信口開合，知他命福是如何？我做一箇夫人也做得過。」

　　不當，不該也。方諸生注《西廂記》一本三折【麻郎兒】云：「不當，調侃不該，見《墨娥小錄》，言紅娘不該如此謹依夫人之命而促之去也。」（按今刊本《西廂記》：「便做道謹依來命」，舊刊本作「不當箇謹依來命」。）當，讀平聲。

（二）

《董西廂》卷二【般涉調・長壽仙袞】：「不當穩便，恁時悔也應遲，賢家試自心量度！」

又同書卷四【黃鍾宮・尾】：「一刻兒沒巴避抵一夏，不當道你箇日光菩薩，沒轉移好教賢聖打。」

又同書卷七【中呂調・牧羊關】：「詐又不當箇詐，謅又不當箇謅。」

《張天師》一、白：「但恐早晚取擾，不當穩便。」

《殺狗勸夫》三、白：「我今日不當十分醉。」

　　不當，謂不算、算不得。五代・吳詠【摸魚兒・生日】詞：「那玉燕石麟，不當真符瑞。」「不當真符瑞」，謂算不得祥兆也。蘇軾《次韻田園博部夫》詩：「深紅落盡東風惡，柳絮榆錢不當春。」「不當春」，不算春也。《西遊記》第八十一回：「你兩下裏角鬭之時，倘貽累你師父，不當穩便。」「不當穩便」，謂不算穩妥也。當，讀去聲，下同。

（三）

《謝天香》二《梁州第七》：「想著俺用時不當，不作周方。」

　　不當，謂不適合，即不合道理。《水滸》第十四回：「多多相擾，理甚不當！」又同書第十九回：「夜來重蒙恩賜，拜擾不當。」皆其例。當，亦讀去聲。

不爭

不爭：一謂如其、若果、倘使；二謂只為、則為；三謂不要緊、無所謂；四謂姑且不論；五謂不料；六謂不只；七謂若非。

（一）

《漢宮秋》四【上小樓】：「不爭你打盤旋，這搭裏同聲相應，可不差訛了四時節令？」

《西廂記》二本楔、白：「不爭鳴鑼擊鼓，驚死小姐也可惜了。」

又「不爭便送來，一來父服在身，二來於軍不利。」

《㑳梅香》一【幺篇】：「不爭向琴操中單訴著你飄零，可不道牕兒外更有個人孤另。」

《倩女離魂》二【越調鬥鵪鶉】：「不爭他江渚停舟，幾時得門庭過馬？」

《殺狗勸夫》三【隔尾】白：「不爭我開門去，教嫂嫂入來，這禮上就不是了。」

《雲窗夢》二【滾繡毬】：「不爭我半披夜月才歸院，多管是獨立西風正倚門，盼殺郎君。」

《爭報恩》楔、白：「不爭害他第十一個頭領，那三十五個就肯干罷？」

上舉「不爭」各例，用作設辭：如其、若是、倘使、如果，多用於上下呼應句。《京本通俗小說·錯斬崔寧》：「他家有了殺人公事，不爭放你去了，卻打沒對頭官司。」即如果之意。

（二）

《陳摶高臥》四【水仙子】：「我恰纔神遊八表放金光，禮拜三清朝玉皇；不爭你拽雙鬟呀的門關上，纏殺我也瞎大王。」

《氣英布》一【金盞兒】：「不爭你殺了他楚使命，則被你送了喒也漢隨何！」

《揚州夢》一【青歌兒】：「不爭我聽撥琵琶楚江頭，愁淚濕青衫袖。」

《馬陵道》二【滾繡毬】：「哎！孫臏也！不爭你讒言譖語遭人搆，直感的野草閒花滿地愁，那裏也正首狐丘？」

《硃砂擔》三【呆骨朵】：「我正待劈頭毛廝扯搣，不爭你攀肐膊強拆散。」

上舉各例，意謂只爲、則爲。張相謂往往於收結時用之，如【絡絲娘煞尾】、【鴛鴦煞】和【收尾】，這種解釋不錯，但不能視爲一種定格，否則便不能解釋上舉所有各例。

（三）

《董西廂》卷八【黃鍾宮·黃鶯花】：「您兩箇死後不爭，怎結果這禿屌？」

《哭存孝》二【尾聲】白：「我死不爭，鄧夫人在家中豈知我死也？」

《黃梁夢》三、白：「我死不爭，可憐見這一雙兒女，眼見的三口兒無那活的人也。」

《西遊記》一本一齣【青哥兒】白：「我死不爭，爭奈有八箇月身孕，未知是男是女，久以後丈夫冤讎，著誰人報得？」

《村樂堂》三【逍遙樂】白：「你死不爭，孩兒也！你不帶累他那官長麼？」

上舉「不爭」各例，意爲不要緊、無所謂；多放在句末，用於上下呼應句，撇去一層，以爲下文張本。但也有把「不爭」置於句首的，如《抱粧盒》三折【雁兒落】：「不爭我打斷他口內詞，只叫他說不的心間事」，是也。意思是說：陳琳打斷寇承御的口內詞，倒猶其次，要緊的只是叫他說不出心裏事，免致指攀也。「不爭」和「只」字，互相呼應。

（四）

《魯齋郎》二【感皇恩】白：「孔目，不爭我到這裏來了，抛下家中一雙兒女，著誰人照管他，兀的不痛殺我也！」

《氣英布》一【賺煞】：「不爭我服事重瞳沒箇結果；赤緊的做媳婦先惡了公婆，怎存活，恰便似睜著眼跳黃河。」

《風雲會》二【菩薩梁州】：「不爭這老鴉占了鳳凰巢；卻不道君子不奪人之好。把柴家今日都屬趙，惹萬代史官笑，笑俺欺負他寡婦孤兒老共小，強要了他周朝。」

以上各例，爲「姑且不論」之意，立意也是撇開一層，爲下文張本。句法與上雖同，但含意各別，不能混爲一談。

（五）

《忍字記》四【煞尾】：「不爭俺這一回還了俗，卻原來倒做了佛。」

《合汗衫》二【越調鬥鵪鶉】：「您兩個綠鬢朱顏，也合問您這蒼髯皓髮。不爭你背母拋爹，直閃的我形孤也那影寡。」

《雲窗夢》四【駐馬聽】：「想當初一尊白酒話別離，不爭秦臺弄玉彩雲低，都做了江州司馬青衫濕，兩下裏，一般阻隔人千里。」

以上「不爭」，謂不料、豈料。

（六）

《存孝打虎》二【哭皇天】白：「大人，不爭小人一箇受苦，上輩古人，多有受窘的哩。

上例謂不只、不則、不僅。

（七）

《貶夜郎》一【金盞兒】：「不爭玉樓巢翡翠，便是錦屋閉鸞鳳。」

上例謂若非。

不快

不快，有不舒服、不愉快等意。

（一）

《竇娥冤》二、白：「我身子十分不快哩。」

《東牆記》一、白：「昨日梅香說小姐身體不快，老身想來，多是傷春。」

又同劇一【天下樂】白：「早是身體不快，又遇著這等人物，教我神不附體，何時是可也？」

《灰闌記》一【寄生草】白：「大嫂，怎生這一會兒，我身子甚是不快，你可煎一碗熱湯兒我吃。」

《還牢末》一【寄生草】：「哎！你箇狠公吏休唱叫，俺家裏有不快的。」

《替殺妻》三【三煞】：「母親第一來殘疾多，第二來年紀老，常有些不快長安樂。」

不快，謂身體不舒服，指生病。《後漢書‧華陀傳》：「體有不快，起作一禽之戲，怡然汗出。」《三國志‧華陀傳》：「有士患不快，詣華陀，陀曰：『君侯當剖腹取之。』」故陶宗儀《輟耕錄》云：「世謂有疾曰不快，陳壽作《華陀傳》已然」。

（二）

《西廂記》二本一折、白：「自見了張生，神魂蕩漾，情思不快，茶飯少進。」

不快，謂不樂也；現在口語叫做不快活。《易‧旅》：「我心不快。」《戰國策‧秦策五》：「蔡澤入揖應侯，應侯不快。」高誘注：「快，樂。」《史記‧信陵君列傳》：「公子行數里，心不快。」《漢書‧趙充國傳》：「張安世嘗不快上。」《後漢書‧竇武傳》：「帝與后不快，幾至成敗。」清‧翟灝《通俗編‧性情‧不快》：「按：世謂不可意曰不快，有疾亦曰不快。」

不沙

《漢宮秋》三【得勝令】：「他去也不沙架海紫金梁！枉養著那邊庭上鐵衣郎。」

《三奪槊》二【賀新郎】：「你知我迭不的相近，不沙賊丑生，你也合早些兒通報。」

不沙，用為襯字，無義；只在唱曲時起調整音調作用。戲文《小孫屠》第十四齣【北曲端正好】：「當日重意離京城，誰想今日就愁悶？急回來，不沙悶的獨自個和淚而行。」亦其例。

不應

不應：一用為法律名詞，謂非有意犯罪曰不應；二謂不應驗；三謂不理睬。應，讀去聲。

（一）

《金線池》四【太平令】白：「失誤了官身，本該扣廳責打四十，問你一個不應罪名。」

《勘頭巾》三【醋葫蘆】白：「可知不干你事哩！你則與個不應的狀子。〔張千云：〕怎麼把我也問個不應？」

不應，法律術語。元代法律規定：對於情節輕微而又不是出於有意識的犯罪，謂之「不應」，處罰較輕。《水滸》第三回：「原告人保領回家，鄰佑杖斷有失救應。房主人並下處鄰舍止得個不應。」亦其一例。

（二）

《陳摶高臥》一【後庭花】：「你休道俺不著情，不應後我敢罰銀十錠。」

《太平樂府》卷六孫季昌散套【端正好・鴛鴦被半牀開】：「曾和他在萬花堂講志誠，錦香亭設誓盟，誰承望下場頭半星兒不應？」

不應，謂不應驗。

（三）

《王粲登樓》二【倘秀才】白：「王粲好是無禮！拜著他全然不應？氣出我四句來了，〔詩云：〕王粲生的硬，拜著全不應；定睛打一看，腰裏有梃棍。」

不應，謂不答、不理睬。下文有「拜著全不睬」句，可證。《孟子・公孫丑下》：「不應，隱几而臥。」亦不答之意。

不剌

必留不剌

不剌：一、放在兩分句中間，用作襯字；二、連接在形、動、副、名詞之後，用作語尾助詞；三、猶云撥、扒拉。

（一）

《拜月亭》三【倘秀才】：「來波，我怨感我合哽咽；不剌，你啼哭你爲甚迭？」

又同劇四【水仙子】：「須是俺狠毒爺強匹配我成姻眷，不剌，可是誰央及你個蔣狀元？」

《後庭花》三【川撥棹】：「我敢搧碎你口中牙，不剌，這是你家裏說話？」

《樂府新聲》下無名氏小令【寄生草】:「小梅香俄俄延延待把角門關,不剌,謊敲才更深夜靜須有個來時節。

《追韓信》三【剔銀燈】:「今日又不曾驅兵領將排著軍陣,不剌,怎消得我王這般棒(捧)鼓(轂)推輪。」

以上各「不剌」,張相認爲具有「話搭頭性質」,因而斷入下句,與下文連讀,未足云當。因爲影印元刊本《拜月亭》及《樂府新聲》各「不剌」字,均打偏作小字,再證之以河北省現在保存的方言,說明它是曲中襯音,獨立於上下兩個分句之外,只起音節和加強語氣的作用,不爲義。

(二)

《董西廂》卷一【般涉調·尾】:「怕曲兒捻到風流處,教普天下顛不剌的浪兒每許。」

《竹葉舟》楔、白:「你穿著這破不剌的舊衣。」

《兩世姻緣》一【醉中天】白:「對門間壁,都有些酸辣氣味,只是俺一家淡不剌的。」

《舉案齊眉》三【紫花兒序】:「呷了些淡不剌的白粥。」

《飛刀對箭》一【那吒令】:「他那裏嘴不剌的,他也聒聒噪噪。」

《雍熙樂府》卷二十【叨叨令兼折桂令·駄背妓】:「便道是倒鳳顚鸞,鸞儔燕侶,彎不剌怎麼安排?」

不剌,一般連接在形容詞後邊,有時也連接名詞、副詞、動詞之後,起加強語氣作用,無實義,猶「不答」、「忽剌」、「支辣」。明·閔遇五《五劇箋疑》云:「不剌,北方語語助詞,不音餔,剌音辣,去聲。」謂「不剌」爲語助詞,是。但謂通行僅限于北方,恐非。因爲《兩世姻緣》的作者喬夢符,原籍雖在太原,但長期僑寓杭州;《竹葉舟》的作者范康,是杭州人。他們作品中都使用過「不剌」作語助。現在不僅在內蒙和東北,遠在新疆克拉瑪依地區也普遍使用「不剌」爲語助。

(三)

元刊《薛仁貴》四【梅花酒】:「眼腦兒赤瞎,我拄杖兒不剌。」

《謝天香》三【醉太平】:「相公將必留不剌拄杖相調戲。」

《劉弘嫁婢》一【寄生草】白：「搊火棒兒短，強似手不剌。」

不剌，意爲用手或棍類撥動，猶扒拉。今北京語、魯語猶然。北京語也作《撥攋》。「不剌」重言之則曰「必留不剌」。這個意義的「不剌」，疑爲「撩撥」的倒文，宋·王明清《揮麈餘談》卷一：「公知子厚不可撩撥，何故詆之如是。」

不忿

《單戰呂布》一、白：「有孫堅不忿，和他弟兄鬪氣。」

《柳毅傳書》二【小桃紅】白：「那火龍大施勇烈，俺小龍不忿爭強。」

《兒女團圓》一、白：「我聽得這句説話，一向有些不忿。」

《連環計》四【掛玉鈎】白：「連李肅也不忿其事，因此拔刀相助。」

《隔江鬪智》二【煞尾】白：「是周瑜要襲取荊州的計策，被我參破了，料他不忿，必然又生甚麼計策來。」

不服氣曰不忿。《禮·坊記》：「從命不忿。」《北史·劉畫傳》：「曾以賦呈魏收。收謂曰：『賦名六合，已是大愚，文又愚於六合。畫不忿，又以示邢子才。』」唐·孟棨《本事詩·徵異第五》詩曰：「不忿成故人，掩涕每盈巾。」或作「不憤」，如宋·蘇舜欽《送人還吳江道中作》：「不憤東流促行棹，羨他雙燕逆風飛。」或又作「不分」，如《南史·王僧虔傳》：「庾鎮西翼書，少時與王右軍齊名，右軍後進，庾猶不分。」宋·葛勝仲【浣溪沙·賞芍藥】詞：「不分與花爲近侍，難甘溱洧贈閑人。」不分（fèn）、不忿、不憤，音意俱同，此語今仍通行，如云「氣不憤」。

不迭

《牆頭馬上》三【豆葉兒】：「手腳麤狂去不迭。」

脈望館鈔校本《生金閣》一【金盞兒】白：「我這眼裏見不得這窮秀才，他見我趓也趓不迭哩。」

《秋胡戲妻》三【普天樂】白：「他是何人，卻走到園子裏面來，著我穿衣服不迭。」

《東堂老》一【一半兒】白：「這許多錢鈔，也一時辦不迭。」

《劉知遠諸宮調》二【黃鍾宮·快活年】：「救不迭扢插地一聲響。」

《董西廂》卷一【商調·定風波】:「氣喘不迭叫苦。」

迭,及也;不迭,來不及之意,如上舉諸例是也。《京本通俗小說·西山一窟鬼》:「教授還禮不迭。」此「不迭」亦此意。又迭,謂止、斷,如云「叫苦不迭」。《水滸》第六十回:「忽然雷震一聲,兩個在陣叫苦不迭。」

不恇

不匡

《合汗衫》一【天下樂】白:「被我搊過那年紀小的來,則打的一拳,不恇就打殺了。」

《單戰呂布》四、白:「俺奉密詔來此戰呂布,整戰了半載有餘,不匡劉關張弟兄三人一陣成功,又奪了虎牢關也。」

《暗度陳倉》四、白:「韓元帥著我領兵修棧道去,不匡他使一個見識,暗度陳倉占古道去了。」

《打韓通》四【太平令】白:「這韓通是簡爲頭的好漢,不匡還出不了你的手!」

不恇(kuāng),謂不料。恇,即「料」也。《生金閣》一【賺煞】云:「我那裏恇郭成的渾家這等生的風流,長的可喜。」其「恇」云云,即「料」的意思,可爲一證。明·張自烈《正字通》:「恇,古借匡。」故「恇」、「匡」久已通用。今魯東人謂「不恇」爲「不料瞧」。

不是

《救風塵》四、白:「我有甚麼不是,你休了我?」

《凍蘇秦》三【牧羊關】白:「恁的呵,是我家丞相爺的不是了。」

《神奴兒》一【油葫蘆】白:「兄弟,是你嫂嫂不是了也。」

《爭報恩》二【紅繡鞋】白:「小夫人王臘梅,伴當丁都管,他兩個數次尋我的不是。」

不是,謂過錯、缺點。《清平山堂話本·快嘴李翠蓮記》:「適間婆婆說你許多不是。」《紅樓夢》第六十一回:「他舅舅又有了不是。」皆其例也。據此,知「不是」一語,至遲已由南宋沿用至今。

不待

《燕青博魚》三、白：「我心中不待與他吃酒，我則想著衙內。」

《西廂記》三本楔子【仙呂賞花時】：「俺姐姐鍼線無心不待拈，脂粉香消懶去添。」

又同劇一【油葫蘆】：「一箇睡昏昏不待觀經史，一箇意懸懸懶去拈鍼指。」

《三戰呂布》二【得勝令】：「〔劉末云：〕但得箇大小官職也罷。〔正末唱：〕但得箇知州，也是我不待屈不能勾。」

不待，謂懶待、懶的（得）、不喜歡、不願意。本條《西廂》兩例，「不待」與「懶」互文爲義。再如：《詞林摘豔》卷五王子一散套【新水令·鳳臺無伴品鸞簫】：「這些時茶和飯懶待湯著。」《曲江池》二【梁州第七】白：「我本懶的去，爭奈我這虔婆絮聒殺人，無計奈何，須索跟他走一遭。」《真傀儡》劇、白：「且喜早脫離鸞坡鳳掖，懶得又安排綠野平泉。」並可證。此話現在口語中仍通行。

不倈

《燕青博魚》一【六國朝】：「哎喲！那廝雨點也似馬鞭子丟，不倈，偏不的我風團般著這拄杖打。」

《合汗衫》三【小梁州】：「想當初他一領家這衫兒，是我拆開，不倈，問相公，這一半兒那裏每可便將來？」

《秋胡戲妻》四【川撥棹】：「那佳人可承當，不倈，我提籃去採桑。」

《東堂老》二【正宮端正好】：「雖然道貧窮富貴生前定，不倈，喒可便穩坐的安然等。」

《看錢奴》四【調笑令】：「俺待和這廝，廝揪的見官司，不倈，俺只問你，這般毆打親爺甚意思？」

又同劇一【鵲踏枝】：「不離了舞榭歌臺，不倈，更那月夕花朝。」

《桃花女》二【滾繡毬】：「俺父親揎拳攞袖因何事，他這般唱叫揚疾，不倈，便可也爲甚麼？」

《漁樵兒》二【倘秀才】：「你也不分一個皂白，你向我這凍臉上，不倈，你怎麼左摑來右摑？」

不俫，句中襯字，獨立於上下兩分句之間，只起音節和加強語氣作用，不爲義。同「不剌」，可互參。

不消

不索

《竇娥冤》楔、白：「親家，這不消你囑付，令愛到我家就做親女兒一般看承他，你只管放心的去。」

《望江亭》二、白：「我這夫人十分美貌不消說了；更兼聰明智慧，事事精通。」

《西廂記》二本楔子【收尾】：「〔夫人云：〕安排茶飯者！〔將軍云：〕不索，尚有餘黨未盡，小官去捕了，卻來望賢弟。」

《紫雲庭》四【川撥棹】：「不索你自誇揚，我可也知道你打了個好散場。」

不消，謂不必、不用、不需要、無須。《朱子全書・論語六》：「尹氏云：『命不足道。』蓋不消言命也。」《水滸》第三回：「不索哥哥說，洒家都依了。」《儒林外史》第二十一回：「如今有一頭親事，不知你可情願？若情願時，一個錢也不消費得。」此語現在仍使用，如云：「這話不消說」，等等。不索，意同。

不揣

《看錢奴》四【紫花兒序】白：「先生可憐見，我那婆婆害急心疼，說先生施的好藥，老漢不揣求一服兒咱。」

《西廂記》一本二折【上小樓】白：「小生不揣有懇：因惡旅邸冗雜，早晚難以溫習經史；欲假一室，晨昏聽講。」

《連環計》三【叨叨令】白：「我有一句不揣的話，敢說麼？」

不揣，謂不自量，自謙之詞。《醒世恒言・張廷秀逃生救父》：「老夫不揣，止有一女，年十九歲了，雖無容德，頗曉女織。賢姪倘不棄嫌，情願奉侍箕帚。」清・李笠翁《蜃中樓・雙訂》：「小生不揣，要與小姐訂百年之約，不知可肯俯從？」此語，現在仍通行。

不道

不道的　不道得　不到　不到的　不到得　不到底

不道，或作不道的、不道得、不到、不到的、不到得、不到底。其義主要有三：一謂豈肯、怎麼能；二謂不至於、不見得、不一定；三謂不料（意想不到）。

（一）

《蝴蝶夢》二【隔尾】白：「兀那婆子，說的是呵，我自有個主意。說的不是呵，我不道饒了你哩！」

《合汗衫》三【么篇】白：「我如今問他，若是有呵，便是那官人的；若是沒呵，我可不到的饒了他哩！」

《羅李郎》二【尾煞】：「那堝裏遇著，那搭裏撞著，我把那背義的奴胎，不道的素放了！」

《魔合羅》三【么篇】白：「這樁事就分付與你，三日便要問成；問不成呵，我不道的饒了你哩！」

《劉行首》三【滿庭芳】白：「俺員外一個月不來家，我如今往劉行首家尋員外去。尋不著，萬事罷論；若尋著呵，我不道饒了他也！」

《謝金吾》三【收尾】：「到來日我一星星奏與君王，不到得輕輕的素放了你！」

不道，或作不道的、不到的、不到得，意謂豈肯、怎麼能。道，一作到，同音假借。的、得，音義同。

（二）

《裴度還帶》一【尾聲】：「我將那紫絲韁慢擺，更和那三簷傘雲蓋。放心也！我不道的滿頭風雪卻回來。」

《老生兒》一【後庭花】：「若是肯慈悲呵，也不到的生患害。」

《兒女團圓》楔【仙呂賞花時】白：「我若早有個兒子，也不到得眼裏看見如此。」

《東堂老》三【滿庭芳】：「則你那五臟神也不到今日開屠。」

《千里獨行》一【油葫蘆】白：「嫂嫂，當初依著關羽呵，今日不道的有失也。」

－128－

《陳州糶米》一【天下樂】：「多要些也不到的擔罪名。」

《元人小令集》失名《失題》三十一之十一：「不到底辜負了秋光。」

不到，或作不到的、不到底、不到得、不道得、不道的，意謂不至於、不見得、不一定。到，一作道，同音假借。的、得、底，用爲語尾助詞，無義。或作不倒的，如《水滸全傳》第七十四回：「非是燕青敢說口，臨機應變，看景生情，不倒的輸與他那呆漢」，是也。按「倒」亦爲「到」的同音假借字。

「不到」一語，宋已有之，如趙以夫【賀新郎】詞：「追憶蘭亭當日事，儘淒涼也勝盧仝屋，應不到，羨金谷。」

（三）

《董西廂》卷一【中呂調・香風合纏令】：「不道措大連心要退身，卻把箇門兒亞。」

《張協狀元》戲文四十一：「我不道你癡心，別尋個計結來閉門。」

以上「不道」，謂不料。李白《憶舊遊寄譙郡元參軍》：「五月相呼度太行，摧輪不道羊腸苦。」杜甫《承聞河北諸節度使入朝》：「不道諸公無表來，茫茫庶事遣人猜。」蘇軾【洞仙歌】詞：「但屈指西風幾時來，又不道流年暗中偷換。」楊萬里《大庾嶺題雲封寺》：「客心恨煞雲遮卻，不到無雲即斷腸。」皆其例。

除以上所舉外，作他解者如：《太平樂府》卷五澹齋小令【梧葉兒】：「夜雨好無情，不道我愁人怕聽。」此「不道」，謂不管、不顧也。《趙氏孤兒》二：「正遇著不道的靈公，偏賊子加恩寵，著賢人受困窮。」此「不道」，猶無道，謂做事不遵法度，不合道理。《兩世姻緣》三：「你這等胡說，你道與你亡妻相類，不道與你做了媳婦罷！」此「不道」爲反詰之辭，謂難道也。《董西廂》卷六：「這些醜事，不道怎生遮掩。」此「不道」，謂不知道、不明白。餘不列舉。

不錯

《董西廂》卷五【仙呂調・朝天急】：「思量俺，日前恩非小，今夕是他不錯。」

同書卷六【雙調・豆葉黃】：「你好好承當，咱好好的商量，我管不錯。」

又同書卷六【大石調・驀山溪】：「有事敢相煩，問庫司兄不錯。」

楊梓《霍光鬼諫》二【上小樓幺篇】：「乞陛下將此二賊打爲庶民，成君下于冷宮，聖鑒不錯。」

《漢宮秋》二【鬭蝦蟆】白：「今有毛延壽將一美人圖，獻與俺單于。特差臣來，單索昭君爲閼氏，以息兩國刀兵。陛下若不從，俺有百萬雄兵，以決勝負，刻日南侵，伏望聖鑒不錯。」

《老生兒》楔【仙呂賞花時】：「我似那老樹上今日個長出些笋根苗，你心中可便不錯，你是必休將兀那熱湯澆。」

《虎頭牌》三【慶宣和】白：「〔詩云：〕小官每豈敢自專，望從容尊鑑不錯。」

《倩女離魂》一【寄生草】白：「小生特來拜望母親，就問這親事。母親著小姐以兄妹稱呼，不知主何意？小生不敢自專，母親尊鑑不錯。」

以上「不錯」各例，意爲請求明白鑒諒，不致乖錯。其中「聖鑒不錯」、「尊鑒不錯」云云，是臣子對於皇帝、下級對於上級、晚輩對於長輩在稟陳情況之後，請求裁奪的一種修辭程式。《元曲選》音釋：「錯音草。」

不藉

不借　藉不　借不　籍不　惜不

《董西廂》卷三【般涉調・尾】：「把那弓箭解，刀斧撇，旌旗鞍馬都不藉。」

《拜月亭》一【後庭花】：「如今索強支持，如何迴避！藉不的那羞共恥。」

《哭存孝》三【醉春風】：「是做的潑水難收，至死也無對，今日箇一莊也不借。」

《西廂記》四本四折【喬牌兒】：「你是爲人須爲徹，將衣袂不藉。」

《三奪槊》一【勝葫蘆】：「藉不得眾兒郎，過澗沿坡尋路荒。」

《介子推》三【尾】：「若是借不得母，埋不得兒，我便是自喪了家。」

《替殺妻》三【十二月】：「惜不得家親年老，好教我苦痛嗟咷。」

《鎖白猿》二【賀新郎】：「迭不的出戶相迎，藉不得降堦而接待。」

不藉，不顧惜、不顧忌之意。韓愈《柳子厚墓誌銘》：「勇於為人，不自貴重顧藉。」《柳南隨筆》云：「顧藉，猶顧惜也。」可以取證。不藉，或作不借，又作藉不、惜不；語尾或多「得」、「的」，義並同。借，藉之古字，通用。至於「籍」、「惜」，形誤，不可從。

不藉二字，亦有分開用者，例如：《牆頭馬上》三折：「便把毬兒撇，不把膽瓶藉。」《馬陵道》四折：「管殺的他眾兒郎不能相借。」

不見得

《灰闌記》一【天下樂】白：「待他馬員外來，或者有些面情，也不見得。」

《盆兒鬼》一【金盞兒】白：「我看這客人臉上一道黑氣，前途或者做出事來，也不見得。」

不見得，謂說不定、未可知；為兩可之辭，偏重於所猜測的一面，現代口語中，仍有此種說法。《京本通俗小說・菩薩蠻》：「或者可憐你的，一兩貫錢助了你也不見得。」《水滸》第四十五回：「原來這婆娘倒不是個良人，莫教撞在石秀手裏，敢替楊雄做個出場也不見得。」《幽閨記》三十五齣、白：「驚一驚，驚出他一身冷汗，病好了也不見得。」皆其例。

不氣長

《老生兒》三【調笑令】：「則俺這一雙老枯椿，我為那無兒孫不氣長。」

《秋胡戲妻》四【得勝令】：「〔云：〕妳妳，我認了秋胡也。」〔卜兒云：〕媳婦兒，你認了秋胡，我也不尋死了。〔正旦云：〕罷罷罷！〔唱：〕則是俺那婆娘家不氣長。」

《風光好》二【牧羊關】：「你見我心先順，隨了你可不氣長。」

《兒女團圓》楔、白：「二嫂，你看這無兒女的，好不氣長也呵！」

不氣長，氣短，不爭氣。《黃粱夢》四【叨叨令】：「至如將小妮子擡舉的成人大，也則是害爹娘不爭氣的賠錢貨」，可證。

不打緊

不緊

《救風塵》二、白：「周舍，打我不打緊，休打了隔壁王婆婆。」

《合汗衫》二、白：「那一應金銀糧食，也還不打緊，一心兒只看上我那嫂嫂。」

又同劇二【青山口】白：「火燒了家緣家計，都不打緊，我那張孝友兒也！」

又同劇三【脫布衫】白：「官人，這半壁汗衫兒不打緊，上面干連著兩個人的性命哩。」

《陳州糶米》三【梁州第七】白：「別的郎君子弟，經商客旅，都不打緊。我有兩個人，都是倉官，又有權勢，又有錢鈔，他老子在京師現做著大大的官。」

《馬陵道》二【滾繡毬】白：「我死不緊，只可惜我腹中有卷《六甲》天書，不曾傳授與人，若有人救了我的性命，我情願傳寫與他，決無隱諱。」

不打緊，謂不要緊、無關緊要。省作「不緊」，意同。《清平山堂話本‧快嘴李翠蓮記》：「姨娘不來不打緊，舅母不來不打緊，可耐姑娘沒道理，說的話兒全不準。」此語至今仍沿用。

不多爭

《玉鏡臺》二【紅芍藥】：「年紀和溫嶠不多爭。」

《兩世姻緣》二【浪裏來】：「我把他漢相如廝敬重，不多爭，我比那卓文君有上稍沒了四星，空教我叫天來不應。」

爭，差也。不多爭，即不多差、差不多之意。或作不爭多，如二刻《拍案驚奇‧賈廉訪贋行府牒，商功父陰攝江巡》：「金鼓看來都一樣，官人與賊不爭多。」「不爭多」，亦差不多之意。

不尋俗

非常俗

《蝴蝶夢》二【梁州第七】：「這公事不比尋俗。」

《生金閣》一【金盞兒】：「我則見他人馬鬧喧呼，這人物不尋俗。」

《氣英布》四【黃鍾醉花陰】：「此一陣不尋俗，這漢英布武勇誰如？」

《魔合羅》一【金盞兒】：「淋得來不尋俗。」

《詞林摘艷》卷三元大都歌妓王氏散套【粉蝶兒‧江景蕭疎】：「見一座古寺宇，蓋造得非常俗。」

不尋俗，謂不尋常、不平凡。或作非常俗，意同。

不甫能

不付能　甫能　付能　不付他

《單刀會》四【胡十八】：「不代能見者，卻又早老也！」

《裴度還帶》楔、白：「付能得此玉帶，價值千貫，救父脫禁，不想失了此帶，要我這性命做甚麼？」

《金鳳釵》一【天下樂】白：「你好命蹇福薄！付能得了官，謝恩又失儀落簡。」

又同劇一【油葫蘆】：「不付能恰做官，沒揣的罷了職。」

《漢宮秋》三、白：「甫能得蒙恩幸，又被他獻與番王形像。」

《西廂記》五本一折【商調集賢賓】：「不甫能離了心上，又早眉頭。」

《金錢記》一【天下樂】：「不甫能鳳舞鸞飛也那出翠華，則這喧也波譁，端的是景物佳。」

《陽春白雪》前二楊淡齋小令【湘妃怨】：「不付他博得個團圓夢，覺來時又撲個空。」（任訥校本注云：殘元本作不付得；得猶能。）

不甫能，即甫能，剛剛，才能夠、好容易之意。「不」字是以反語見意，起加強語氣作用。甫，一作付、副。按此語，宋已有之，如秦觀【鷓鴣天】詞：「甫能炙得燈兒了，雨打梨花深閉門。」宋‧毛滂【最高樓】詞：「副能小睡還驚覺，略成輕醉早醒鬆。」

不伶俐

不怜悧　不伶不俐

《燕青博魚》一、白：「我雖然嫁了這燕大，私下裏和這楊衙内有些不伶俐的勾當。」

《勘頭巾》楔、白：「妾身劉員外的渾家是也。我瞞著員外，和那太清庵王知觀有些不伶俐的勾當。」

又同劇三【醋葫蘆】：「聽言罷他口内詞，不由我心内疑。況兼那婆娘顔色有誰及？他莫不共先生平日有些不伶悧？」

《爭報恩》楔、白：「我丁都管，元是大夫人帶過去的陪房，我通判相公又有個二夫人，與我有些不伶俐的勾當。」

不伶俐，不乾淨之意，指男女間的暗昧關係。重言之則曰「不伶不俐」（見《後庭花》四【滾繡毬】）。《謝天香》三【倘秀才】：「賭錢的，不伶俐，姐姐你可便再擲。」此「不伶俐」，謂不走運，是本義的引申。伶俐，一作怜悧，音義同。

不良才

《陽春白雪》前集四商挺【潘妃曲】：「罵你個不良才，莫不少下你相思債。」

《樂府群珠》卷四失註【朱履曲·工餘樂事】：「看黃卷消磨永夜，就銀缸挑繡些些，倒在我懷兒裏撒乜斜。見他將文冊放，我索將女工疊，不良才又是也。」

《詞林摘艷》卷一無名氏小令【四塊玉·憶別】：「萬誓千盟，到今日何在？不良才，怎生消磨的我許多恩愛！」

《盛世新聲》【正宮端正好·秋香亭上正歡濃】：「弄詩章相戲逐，不良才歹事頭！」

不良才，意爲沒良心的傢火，是對情人的暱稱，以反語見意，猶言可憎才、冤家。

不君子

《謝天香》三【倘秀才】：「你休要不君子便起鬧起，我永世兒不和你廝極。」

《秋胡戲妻》三【滿庭芳】：「怎人模人樣，做出這等不君子？」

《莊周夢》三【滾繡毬】：「吃劍頭，都是你不君子的喬竹。」

不君子，意謂不正派、不規矩的非禮行徑，猶今云流氓舉動。

不枉了

不往了

《董西廂》卷四【般涉調·尾】：「我爲簡妹妹你作此態，便不枉了教人喚做秀才。」

《望江亭》一【柳葉兒】白：「您兩口兒，正是郎才女貌，天然配合，端不枉了也。」

《西廂記》二本一折【寄生草】：「學得來一天星斗煥文章，不枉了十年窗下無人問。」

《鎖魔鏡》一【醉扶歸】白：「兄弟也！不枉了武藝高強。將弓箭來，我也射三箭。」

《射柳捶丸》一《尾聲》：「穩情取封官重賞，不枉了我舉賢才的當。」

《詞林摘艷》卷十無名氏小令【鬥鵪鶉·錦重重蘭殿椒房】：「端的是聖明天子百靈助，不往了興隆業帝王都。」

徒勞無益曰枉；不枉了，謂沒有辜負、沒有白做之意。宋元戲文《三負心陳叔文》【石榴花】：「那時好個風流壻，不枉了效連理。」《七國春秋平話》卷下：「孫子曰：『不枉了也！』」皆其例。枉，一作往，同音誤用。

不定交

《倩女離魂》一【後庭花】：「俺氣氳氳喟然聲不定交。」

《風雲會》二【哭皇天】：「把好夢來驚覺，聽軍中不定交，那裏也兵嚴刑法重，則末早人怨語聲高。」

《對玉梳》二【滾繡毬】白：「憐兒，且順著虔婆，若不依他，有五千場不定交。」

《千里獨行》殘劇【後庭花】：「漢乾坤不定交，陣雲飛未消，踐紅塵路境遙。」

《詞林摘艷》卷六無名氏散套【端正好‧傳將令馬休行】：「六宮中冥冥悄悄，四海外荒荒鬧鬧，您一日亂，俺十年不定交。」

不定交有二義：一為不停止、不罷手，如前三例是。《單刀會》一：「這三朝恰定交，不爭咱一日錯便是一世錯」，是說三國戰事才停止，未可輕意取荊州，可為反證。二為不安定，如後二例是。

不剌剌

不喇喇　撲剌剌

《單刀會》一【金盞兒】：「便有百萬軍，當不住他不剌剌千里追風騎。」

《黑旋風》二【天下樂】：「打得那一匹馬不剌剌走不迭。」

《昊天塔》三【滾繡毬】：「暢好是焰騰騰博望燒屯計，不剌剌鏖兵赤壁圖，不枉了費盡我工夫。」

《小尉遲》三【小桃紅】：「則我這不剌剌趁日追風騎，烏油甲密砌，點剛鎗鋒利，豈不聞老將會兵機？」

《鎖魔鏡》三【古竹馬】：「不喇喇緊驟驊騮。」

《謝金吾》二、白：「廝琅琅弓上箭，撲剌剌馬攢蹄。」

不剌剌，一作不喇喇、撲剌剌，擬聲詞，形容馬急馳時的聲勢。或又作撥剌剌、勃喇喇、撲喇喇、拍喇喇，如：《水滸》第五回：「把馬打上兩柳條，撥喇喇地馱了大王上山去。」同書第十三回：「八個馬蹄，翻盞撒鈸相似，勃喇喇風團兒也似般走。」同書第三十四回：「黃信怕喫他三個拿了，壞了名聲，只得一騎馬撲喇喇跑回舊路。」《唐三藏西天取經》十六：「老微臣拍喇喇一騎馬趕將來。」按剌、喇音同；不、撥、勃、撲、拍，俱一音之轉。

不待見

《魯齋郎》一、白：「自從許州拐了李四的渾家，起初時性命也似愛他，如今兩個眼裏不待見他。」

脈望館鈔校本《曲江池》一【幺】白：「我的生性不待見這村廝每。」

《倩梅香》四【駐馬聽】白：「我一生不待見婦人面，但與婦人相見，腦裂三分。」

不待見，謂討厭；反之，待見，謂喜歡。如：《金瓶梅》第十一回：「弄得漢子烏眼雞一般，見了俺們便不待見。」《紅樓夢》第二十一回：「我浪我的，誰叫你動火？難道圖你舒服，叫他知道了，又不待見我呀！」此語現在仍然使用，如谷峪《新事新辦》：「莊稼人還是戴見作活的唄！」「戴見」，音義同「待見」。

不惧間

不誤間

《劉知遠諸宮調》十二【般涉調・尾】：「不惧間劫了三娘，喜得弟兄夫妻相見。」

《救孝子》三【普天樂】白：「他道送嫂嫂回去，中途調戲嫂嫂，他堅意不肯，不誤間拔出刀子來，殺了他。」

《神奴兒》四【沉醉東風】白：「急出衙門，遠接大人前去。來到州橋左側，帶酒慌速，不惧間撞了他一交。」

不惧間，謂不覺之間、無意之間。惧，一作誤。

不做美

《牆頭馬上》一【幺篇】：「哎！小梅香好不做美！」

《西廂記》四本三折【一煞】：「青山隔送行，疏林不做美，淡煙暮靄相遮蔽。」

《紫雲庭》二【隔尾】：「哎！不做美的恩官干壞了他把戲。」

《金錢記》二、白：「誰想那不做美的梅香，將那小姐催逼將去也。」

《雍熙樂府》卷十九【小桃紅・西廂百詠】九十三：「不做美的老尊姑，删抹了姻緣簿。」

不做美，謂不肯成全人的好事；現代口語中還有「天公不做美」的說法。

不羞見

《蝴蝶夢》二【牧羊關】：「我若學嫉妬的桑新婦，不羞見那賢達的
魯義姑。」

不羞見，即羞見；加「不」字是以反語見義，起加強語氣作用。

不覷事

不覷是　不賭時　不曉事

《蝴蝶夢》二【黃鍾尾】：「俺孩兒好冤屈，不覷事，下牢獄。」

《遇上皇》二【紅芍藥】：「好模樣，歹做出；不覷事，要休書。」

《西廂記》五本三折【幺篇】：「硬打捱強為眷姻，不覷事強諧秦晉。」

《兒女團圓》三【梧葉兒】：「他是個不覷事的喬男女。」

元刊《替殺妻》一【遊四門】：「呀！不賭（覷）時摟抱在祭臺邊，
這婆娘色膽大如天。」

《太平樂府》卷八姚守中散套【粉蝶兒·牛訴冤】：「被這廝添錢買
我離桑樞，不覷事牽咱過前途。」

同書卷九馬致遠散套【耍孩兒·借馬】：「我沉吟了半晌語不語，不
曉事頹人知不知？」

不覷事，謂見事不明，即糊塗、不曉事理之意。覷，一作賭，同音假借；
又作曉，字異義通。事，一作是、時，同音通用。此語宋已有之，如晁元禮
【步蟾宮】詞：「奴哥一向不賭是，算誰敢共他爭氣」，是也。黃庭堅【鼓笛
令】詞：「各自輸贏只賭是，賞罰采分明須記。」其「賭是」云云，是說各
人都懂事明理，行所當行，可以反證「不賭是」是不明事理之意。

不伏燒埋

不服燒埋

《虎頭牌》四【伴讀書】：「便死也只吃杯兒淡酒何傷害，到底個不
伏燒埋。」